江苏大学
五棵松文化丛书

JIANGSU
UNIVERSITY

江苏高校哲学社会科学研究一般项目（项目批准号：2020SJA2078）
大 学 英 语 教 师 专 业 发 展 理 论 框 架 建 构 研 究

蔡朝辉 著

DAXUE YINGYU JIAOSHI
ZHUANYE FAZHAN LUJING YANJIU

大学英语教师专业发展路径研究

江苏大学出版社
JIANGSU UNIVERSITY PRESS
镇 江

图书在版编目(CIP)数据

大学英语教师专业发展路径研究 / 蔡朝辉著. -- 镇江 : 江苏大学出版社, 2022. 11
ISBN 978-7-5684-1895-9

Ⅰ. ①大… Ⅱ. ①蔡… Ⅲ. ①高等学校－英语－教师－师资培养－研究 Ⅳ. ①H319. 3

中国版本图书馆 CIP 数据核字(2022)第 230196 号

大学英语教师专业发展路径研究
Daxue Yingyu Jiaoshi Zhuanye Fazhan Lujing Yanjiu

著　　者/蔡朝辉
责任编辑/宋燕敏
出版发行/江苏大学出版社
地　　址/江苏省镇江市京口区学府路 301 号（邮编：212013）
电　　话/0511-84446464（传真）
网　　址/http://press. ujs. edu. cn
排　　版/镇江文苑制版印刷有限责任公司
印　　刷/镇江文苑制版印刷有限责任公司
开　　本/718 mm×1 000 mm　1/16
印　　张/12. 5
字　　数/225 千字
版　　次/2022 年 11 月第 1 版
印　　次/2022 年 11 月第 1 次印刷
书　　号/ISBN 978-7-5684-1895-9
定　　价/60. 00 元

前 言

有关教师发展的研究起始于 20 世纪 60 年代末的美国，兴盛于 20 世纪七八十年代的欧美。如今，不论是国外还是国内，有关教师发展的研究都已取得了长足的进步。然而，通过对相关文献的梳理发现，国外第二语言教师教育的研究与教师专业发展的研究相比相对滞后，国内对外语教师教育与专业发展的研究尚处于起步阶段。在已有的研究理论中，内涵演绎多，科学实证研究少，尤其是帮助英语教师通过个人的教学实践研究与反思获得自主发展的理论与实践相结合的文献还非常缺乏，针对大学英语教师这一庞大教师群体专业发展路径及其影响因素的研究更少。

针对目前大学英语教师理论基础薄弱且与实践脱节、学历水平低、职称结构不合理、科研能力欠缺等问题，本书以大学英语教师为对象，提出了大学英语教师专业发展路径的理论框架，并力求通过研究解决以下问题：

（1）大学英语教师的专业发展路径有哪些？可获得的专业发展路径有哪些？有效的专业发展路径有哪些？这些路径对教师的专业发展作用如何？

（2）大学英语教师专业发展路径的影响因素有哪些？它们是如何对教师的专业发展产生影响的？哪个因素在教师专业发展的过程中产生的作用最大？

本书采用质性与量化相结合的混合研究方法。对个案研究对象的选择采用了目的性抽样的原则，对 3 名处于不同发展阶段且专业发展状况较好的教师进行了深度访谈。在量化研究中，主要采用了常见的问卷调查方式，经过 2 次预测与 4 次修改后定稿，对 22 所本科高校的 212 名大学英语教师进行了调查。问卷的第一部分采用常规的李克特五级量表，第二部分形式从封闭型转向半开放型，以单项与多项选择为主。两部分均采用

SPSS19.0 软件进行统计分析。

本书的研究结果表明，大学英语教师可获得的专业发展路径有很多，行动研究、反思和校本培训是参与问卷调查的教师与案例教师共同认可的行之有效的专业发展路径。案例教师认为，构建教师专业发展“共同体”与撰写教学日志也是极为有效的专业发展路径。影响大学英语教师专业发展路径选择的因素主要包括三方面，即个人因素、教学因素和环境因素，其中教学实践情境因素（环境因素）产生的作用最大。在教学实践情境中，教师、学生是课堂微环境中的主体，教师与学生是课堂中互动和反馈的对象，两者的认知成果可能产生矛盾甚至冲突。为了解决这些矛盾或冲突，教师成为探究者，尝试各种途径试图找到解决问题的办法，并通过自身积累的实践性知识对这些办法做出合理的评鉴，这个教师与教学实践进行对话的过程，正是教师合理选择专业发展路径并与实践性知识不断积累的循环互动的良性发展过程。

本书只是探讨了大学英语教师专业发展路径的理论框架，研究本身也有不足之处，但它也为大学英语教师专业发展的其他相关研究提供了经验与启示，有利于改善大学英语教师专业发展状况，满足其专业成长诉求，实现其专业发展目标，提升其教育水平，为教育教学改革提供保障。

目　录

第一章　绪　论

一、研究背景

（一）大学英语师资现状

从事课程学研究的著名学者斯滕豪斯（Stenhouse）说："把握改革关键的是教师，而不是别人。"（吴一安　等，2007）外语教育改革进程中的现实和我们的教学实践十分有力地说明，教师是改革的重要媒介，但是大学英语教师的现状不容乐观。

1. 学历情况

针对全国重点院校的一项调查显示，42.2%的大学英语教师（含英语专业教师）拥有本科及以下学历。调查者还指出，许多拥有本科学历或没有科研成果的教师没有返回调查问卷，这在一定程度上影响了调查的准确性，拥有本科及以下学历的大学英语教师（含英语专业教师）的实际比例有可能比这一数据更高（戴曼纯　等，2004）。全国高校的相关调查也显示，具有学士及以下学位的大学英语教师比例非常高：黄刚（2005）呈现的2001年的调查结果为73.2%；蔡基刚（2006）的调查结果为76.7%。针对2006年被教育部确定为大学英语改革示范点的江苏某高校的调查显示，该校大学英语教学部共有在职教师111名，其中68名教师拥有本科学历，只有38.8%的教师取得了研究生学历（陈红　等，2009）。随着高校对教师"进门"标准的提高，以及学校为了提高竞争实力鼓励教师以在职或脱产的形式攻读更高的学位，2010的一项调查显示，拥有硕士学位的教师比例为65.7%（蒋玉梅，2010），与蔡基刚（2006）23%的调查结果相比有明显提高；具有博士学位的教师比例为0.9%，与蔡基刚（2006）0.3%的调查结果相比无明显增长。表1-1是几项学历调查的结果。

表 1-1　大学英语教师几项学历调查的结果

调查人及时间	戴曼纯，等（2004）	黄刚（2005）	蔡基刚（2006）	陈红，等（2009）	蒋玉梅（2010）
本科及以下	42.2%	73.2%	76.7%	61.2%	33.4%
硕士	57.8%		23.0%	36.1%	65.7%
博士			0.3%	2.7%	0.9%
被调查人数	1 194		12 859	111	456

虽然调查结果显示具有硕士学位的大学英语教师的比例在上升，但与国外的大学相比还有很大差距。

2. 职称情况

专业技术职称是世界各国通用的一种行之有效的识才制度，也是评定大学英语师资的一大要素（陈红 等，2009）。几次大规模的相关调查显示（黄建滨 等，2001；王海啸，2009；蒋玉梅，2011），中国大学英语教师的职称情况令人担忧，大学英语教师职称情况如表 1-2 所示：

表 1-2　大学英语教师职称情况

职称	黄建滨、邵永真（2001，341 所高校）		王海啸（2008，230 所高校）		蒋玉梅（2010，84 所高校）	
	人数	比例（%）	人数	比例（%）	人数	比例（%）
教授	522	3.7	383	3.09	7	1.5
副教授	3 330	23.4	2 768	22.34	71	15.6
讲师	5 671	39.8	6 209	50.11	344	75.5
助教	4 716	33.1	3 031	24.46	34	7.4

表中的数据显示，高级职称（教授、副教授）的比例呈下降趋势，中级职称（讲师）的比例不断上升。出现这样的情况的原因，主要是大学英语最初被很多学校定为教学岗，在满足工作量的情况下，大学英语教师只要达到较低的科研要求就可以评上相关职称。随着高等院校教师招聘制度的改革，很多学校的职称评审条件遵循“一杆秤”的原则，而大学英语教师人数众多，申请项目与发表文章较为困难，难出科研成果，虽然通过助教到讲师的评审较为容易，但从讲师到副教授再到教授的评审非常困难。

3. 科研状况

夏纪梅（2002）针对大学英语教师科研状况的研究显示，没有学过应用语言学或二语习得理论者、没有看过应用语言学专业著作者达 30%～40%；定期阅读国外英语教学研究学术期刊的人只有 30%；完全没有撰写过教学研究论文和不知道如何写的人有 24%；完全没有编写过教材和不知道如何编写的有 37%；完全没有参加过教学研究项目和不知道如何申请也不会写课题论证的人占 50%；完全没有做过教学实验和不知道如何做实验的人占 40%。蒋玉梅（2011）的调查显示，2006 至 2011 年，10%的教师没有发表过论文，超过 60%的教师发表的论文在 1～3 篇，发表了 4 篇、5 篇和超过 5 篇的教师各占 10%左右，教师人均每年发表的论文数不到 1 篇。而且，就论文质量来看，超过 85%的论文发表在省级以下刊物上，只有 10%的论文发表在 CSSCI 刊物上，国外学术刊物上发表的论文仅占 2%。该调查还显示，主编及参编专著、译著的教师比例远低于主编或参编教材和教辅材料的教师比例。可见，教师的科研成果不仅少且质量较低，这也是教师职称上不去的主要原因。

4. 教学工作量情况

大学外语教学指导委员会 2001 年对 354 所高校的调查显示，大学英语教师每周实际课时在 6 节及以下的有 4 所，约占 1.1%；8 节课的有 15 所，约占 4.3%；10 节课以上的 319 所，约占 90.1%（黄建滨 等，2001）。2003 年，中国外语教育研究中心对全国 40 所高校的调查显示，大学英语教师周课时数 12 节以上的占 61.6%，其中有 10%的教师周课时数超过 16 节（刘润清 等，2003）。2008 年，大学外语教学指导委员会第二次对 231 所高校调查的结果显示，学校给大学英语教师规定的教学工作量在每周 3～21 课时，大多为 8～14 课时，平均为 10.63 课时；而教师实际的周平均工作量在 6～27 课时，大多为 10～18 课时，平均为 13.2 课时。大学英语教师周工作量达 14 课时以上的学校占实际取样的 225 所高校的近三分之一（王海啸，2009）。蒋玉梅（2011）对 84 所高校的调查表明，大学英语教师的工作量主要集中在 11～12 节周课时，80%以上教师的周课时都超过了 11 节，26%左右的教师周课时超过 15 节，只有 5%左右的教师的周课时在 8 节及以下。这几次较大范围的调查都显示，大学英语教师的教学工作量一直处于“过饱和”状态，这在一定程度上也是大学英语教师科研能力低、成果少的原因所在。

总体而言，大学英语教师学历水平较低、职称结构不合理、科研能力欠缺及教学任务繁重的状况实在令人担忧。但可喜的是，周燕（2005）进行的一项规模性高校外语教师需求调查显示，我国广大高校外语教师有比较强烈的自身发展需求。尽管繁重的教学负担和非正常的教学环境（如大班上外语技能课）使得不少教师感到无暇“充电”，但广大外语教师意识到了自己需要提高，渴望有进修机会。

（二）外语教师专业发展研究现状

1. 国外外语教师发展研究现状

国外关于教师发展的研究始于20世纪60年代末的美国，兴盛于七八十年代的欧美(肖丽萍，2002)。目前，国外对教师发展的研究主要在以下几个方面：叙事研究（Connelly et al.，1990；Clandinin et al.，2000），行动研究（Kemmis，1985；Carr et al.，1986；Kemmis et al.，1988），反思型研究（Schön，1983、1987、1991），探索型实践研究（Allwright，2003），实践性知识研究，实践群体研究（Wenger，1998）等。

在教师发展取得长足进步的同时，对第二语言教育的研究却相对滞后，因为人们最初的研究都是从课堂语言教学的角度出发的，并认为成功的语言教学是对学习原则、具体教学技巧或有效教学行为进行实证研究的结果（Freeman et al.，1993）。直到20世纪90年代，Richards和Nunan合著的《第二语言教师教育》标志着该领域的研究者对语言教学与教师学习的概念进行了再认识，“跳出了以传授理性知识为导向的教师教育传统框架，承认教师的主体作用，强调实践知识的作用与过程”（文秋芳 等，2010）。语言教师教育的重要性和迫切性也日渐凸显，人们开始认识到除了教学方法和教材，教师是理解和提高教学的关键（Freeman，1991）。关注点的转移在一定程度上是因为从事语言教师教育工作的研究者已开始对语言教师是谁、语言教学是什么及语言教师如何学会教学等问题进行重新思考和概念的重构（Freeman et al.，1998）。根据夏纪梅（2006）的研究，2000至2016年，部分国际知名应用语言学和外语教学期刊发表的关于外语教师发展的论文涉及的问题有：课堂提问研究，教师的教学理念与实践行为的关联/差距（gaps between beliefs and practice）研究，教师的信念对教学的影响研究，教师在教学过程中的认知、反思和行动方法（ways of knowing，reflection and action）探究，既做教师又当学生的感受（feelings of a teacher as a learner）差别研究，教师自拍教学录像（self-taped）与自我分析，在教师、学生和管理这3种群体中进行的有关优秀外语教师的标准的调查研究，倡导群体内反思和个性化发展的教师培训，外语教学行政管理对教师自主型（autonomy）教学的利弊研究，外语教师培训的“后方法论”（post-methodology），在教师培训中倡导基于语料库的研究方法，等等。可见，2000至2006年，国外的研究不仅关注对教师在教学技能和理论素养上的培训，还强调对教师反思能力的培养及实现自主发展的重要性。

即便如此，还是有学者认为，对语言教师教育的研究在理论上还没有清晰的界定，缺乏一个起支撑作用的理论框架(Freeman et al.，1998)。在第二语言或外语教学领域中，对外语教师教育的研究相对来说很少有人涉足，有关语言教师教育的文献在数量上大大少于对课堂教学的方法和技巧等问题的研究的文献资料(Richards et al.，2000)。Bernhardt 和 Hammadou 也认为，第二语言教育工作者对外语教师的培养知之甚少，以资料为依据对该领域所做的研究寥寥无几（转引自陈冠英，2000），而且相关的研究成果主要以学术论文的形式发表，系统性的专著不多，有关教师专业发展路径的研究则更少（Bailey et al.，2009）。这些研究虽然为大学英语教师可持续性发展提供了新思路，但其研究对象主要是“二语教师”，因此其研究成果在中国欠缺“本土化”的过程。

2. 国内外语教师专业发展研究现状

受国外对教师专业发展研究的影响，国内的学者也着手相关研究，而且这一研究逐渐成为教师教育研究领域的热点问题。张晓冬（2009）通过对中国相关研究论文的搜索、归纳与分析，以研究范式为视角，认为我国教师专业发展研究自20世纪末至21世纪初大致经历了四个发展阶段，如表1-3所示：

表1-3　20世纪末至21世纪初我国教师专业发展研究基本状况

研究时期	研究范式	注解
1994—2002年	理性思维取向的研究范式阶段	内容：教师专业发展内涵、教师知识结构、教师专业发展阶段、教师专业发展意义、国外教师发展情况介绍 方法：哲学思辨性、归纳性、分析性 代表：叶澜、朱晓曼（提出教师专业化内涵及理论框架）；肖丽萍、朱旭东（提出对教师专业发展的认识） 目的：形成对教师专业发展的共识及建构教师专业发展的概念体系

续表

研究时期	研究范式	注解
2003—2005 年	技术指向的实证主义研究范式阶段	内容：教师专业发展途径、教师专业发展的内外部保障因素、教师发展现状、国外教师发展及研究现状介绍、对前期研究的反思与总结 目的：寻找教师发展行之有效的途径
2006—2007 年	生态、生命、生活取向的研究范式阶段	内容：教师专业发展的现实可能性与合理性、教师自主性与专业发展、日常生活中的教师发展及问题、教师发展的公平问题、以学科建设为视角的教师专业发展 方法：反思批判研究、叙事研究、元研究、调查研究 目的：考量我国语境下教师发展的可能性、合理性和实效性
2008—2009 年	实践认识论取向的研究范式阶段	内容：教师自身知识与其发展的相关性、教师主体因素对教师发展的影响、学校组织变革与教师专业发展、从教师职业特征看教师权利及发展 方法：课程论倾向的教师发展研究、叙事性研究、多学科研究、调查研究

然而，我国高校外语教师队伍的建设问题无论在理论上和实践上都没有引起人们足够的重视，外语教师教育与专业发展研究还处于起步阶段（高强 等，2006），不仅落后于国外对外英语教学（Teaching English to Speakers of Other Languages，简称 TESOL）的语言教师教育研究，还落后于我国教育界对高校教师教育与专业发展的研究（高云峰 等，2007）。夏纪梅（2006）针对 2000 至 2006 年在国内的主要核心外语教育学术期刊上发表的有关外语教师发展方面的论文的分析统计显示，大多数论文是阐述西方的理论和实践方法，例如“反思型”英语教师教育、基于网络的教师培训、“后教学法”理论、教师行为研究、外语教师的教育信息化培训、“语言学习理论”教育、外语教学技能问题讨论等；有关国内问题的研讨，仅限于对教师职业现状的调查和对提高外语教师培训的重要性和迫切性的呼吁，真正意义上阐述我国外语教师发展研究的论文屈指可数。总的来说，国外理论评介多，本土实践发现少；理论内涵演绎多，科学实证研究少；片面静止研究多，综合动态研究少；横向比较探讨多，纵向连续研究少。这表明，许多理论探讨还停留在“应然状态”，缺少“实然”的观察（韩淑萍，2009）。运用新的语言教师教育理论来讨论中国外语教学改革实践问题的文献和可供我国英语教师参考的关于教师自主发展的文献并不多

见，特别是帮助英语教师通过个人的教学实践研究与反思获得自主发展的理论与实践相结合的文献还非常缺乏（程晓堂，2009）。这与外语类核心期刊所发表教师专业发展相关论文的统计结果再次吻合：首先，就研究方法看，实证性研究匮乏，数据收集手段较为单一；其次，就研究内容来看，内容较为宽泛，广度、深度不够，且有些研究内容雷同，10 年前的和 10 年后的基本一致；最后，研究者与研究对象关系不对等，研究者通常来自相关的教育研究机构或仅是为了做学术研究，与教师是自上而下或外围的关系，不能从根本上解决一线教师发展需求的问题（谢邦秀，2000；高云峰 等，2007；彭伟强 等，2008；文秋芳 等，2010）。

周启加（2012）调查发现，针对英语教师专业发展研究的专著有 29 部，相关度较高的专题丛书有 3 套（其统计的专著总数包含每套丛书中的著作数）。3 套丛书分别为：上海外语教育出版社出版的“中国英语教师自主发展丛书”，内容涉及英语教师自主发展的理论与实践、学科教学知识建构、英语教学基础理论、课堂教学策略、课堂话语分析、教学研究方法及语言测试，读者对象为国内中小学英语教师，亦可供高职院校英语教育专业学生参考；外语教学与研究出版社出版的“中国外语教育研究丛书：外语教师教育与发展”，内容包括教师知识、中学英语教师发展的现状与措施、我国高校英语教师教育与发展、英语教师职前培养中的课程建设、外语教师学习与发展的叙事研究，读者对象为一般英语教师及英语专业本科生；安徽教育出版社出版的“英语教师发展丛书”，内容包括英语课堂教学、英语课程、英语学习及英语测试等。这些丛书虽冠名时都有“教师发展”“教师专业发展”或“教师专业发展”的字样，但其中很少较为综合或系统地论述教师的专业发展，有不少仅涉及了教师发展的一个侧面，有些内容甚至与教师专业发展无直接关联，只是关于具体的教学方法或测试的介绍。可见，相关专著的撰写与出版还缺乏规划性与系统性。

通过对国内相关文献的梳理与回顾，笔者发现：(1) 我国学者虽已关注对外语教师专业发展的研究，但不具规模；(2) 对外语教师发展的研究还停留于理论与某个面或某些面上，没有深入点上的；(3) 有关外语教师发展的专著或丛书，不仅缺乏综合性，还欠缺系统的规划。可见，国内在英语教师教育、英语教师专业发展等方面的研究，与国外相比大致上落后 10 年（吴一安，2007b）。

国外的学者也针对中国本土教师研究和教师自我研究的缺失发出了呼

吁，如 Donald Freeman 在北京参加 2005 年亚洲英语教师协会第三届国际会议时对采访者说："现在世界各国英语教师都普遍面临一种空前的压力——教学改革与创新所带来的压力……我们如果不把研究聚焦于教师，英语教学的改革绝不会有大的起色。而要把研究聚焦于教师，我们就必须深入基层，深入教学一线，认认真真、扎扎实实地了解教师，了解他们教学认知的形成，了解他们面对各种复杂的因素选择不同方法的原因。""这次大会发言介绍教师自己研究自己的案例很少，更多的倒是大学里的研究人员在研究教学，研究教师。"只有当我们的教师能切身体会到他们的教学研究得到了有关部门的强有力的支持时，我们才能说以知识库为基础的研究走上了正轨。不让直接参与教学的教师搞研究、发表意见，恐怕我们就会痛失解决现实教学中亟须解决的问题的良机，我们的研究视野就会有盲点，研究结果就会有一定的局限性，也就无法从根本上谈到切合实际。（郑新民，2006）可见，在强调以学生为中心的教学活动原则的同时，教师的教育主体性是教学研究发展的基本前提(夏纪梅，2009)。

然而，还是很少有研究者会通过理解和分析他们自己的现实体验去探索教学与学习，在亚洲范围内和中国的视野下这样的研究更少（Eng，2012)。基于这样的现状，笔者以一线大学英语教师的身份，在分析与阐述大学英语教师发展路径及其影响因素的基础上，以案例研究的方式与叙事探究的方法来探究一线大学英语教师在专业发展过程中是如何进行路径选择的、各个影响因素又是如何产生作用的等问题，并探讨在何时、何地、何种条件下教师自身在专业发展中才能发挥最大作用。

（三）英语教师在职教育现状

为满足社会发展对高素质人才的需求，自 20 世纪末开始，我国的高等教育从精英教育转向大众教育，各高校的招生规模不断扩大。根据 2004 年的《中国教育统计年鉴》显示，1998 年高中毕业生升入高等教育机构的比例是 46.1%，2004 年快速上升到 82.5%。伴随着高等学校入学人数的激增，教师的数量也急剧上升，高等学校的教师人数从 1998 年的 407 253 人上升至 2004 年的 858 393 人。其中有一大批非师范专业的本科毕业生，经过短短几天非专业性质的岗前培训，承担起了大学英语的教学工作。这些教师承担了繁重的教学任务，又缺少在职进修或培训的机会，自身存在年龄与职称结构不合理、教育观念陈旧、理论知识薄弱、专业知识欠缺、教学与科研能力亟待提高等问题。束定芳（2004）指出，许多高校复合型外语教师紧缺，一些学校在非英语专业高年级开设高级英语选修课程，却无法开设针对英语专业的专业英语课程，其原因是英语教师缺乏相应的专业知识。袁贵仁在 2005 年度教师教育工作会议上也指出，从教育外部来看，世界各国综合国力的激烈竞争和我国社会主义现代化建设的快速发展，对我国教师教育和教师队伍建设提出了新的要求；从教育内部看，我国教育的改革发展对教师教育和教师队伍建设提出了迫切要求。面对新形势和新要求，我国教师队伍建设在理念、制度、政策和实施层面上，都还存在一些急需解决的问题。蔡基刚（2006）指出，我国大学英语教师有近 6 万人，但合格的英语师资缺乏，他们都是英语专业本科或硕士毕业生，知识结构单一。吴一安等（2007）提出：一方面，教师在语言教育中的重要性不容置疑；另一方面，语言教师教育与发展研究的理念陈旧（Freeman et al.，1998），数量匮乏，反差极大。束定芳（2009）等研究者通过对新中国成立 60 年来我们外语教学理论文献的整理总结道："目前我国外语师资特别是中学外语师资的实际情况是，相当数量的教师依然缺乏必要的现代外语教学理论，部分教师教育理论老化，没有及时更新；教师教学工作量偏大，缺乏进修提高机会，视野狭窄，教学效果不太理想。"这些问题大大制约了我国英语教育的可持续发展，成为我国培养高素质英语人才的极大障碍。因而，学者们极力呼吁提高我国英语教师队伍整体素质，加强英语教师培训。

然而，目前我国英语教师教育的主要方式是教师轮流参加出版社的暑期培训、很少的学术会议、短期国内外进修、攻读硕博学位等，这些方式虽然对提高教师的专业素养有着一定的作用，但因其缺乏针对性，效果不明显。这主要是因为，虽然教师很期待进修与培训，但是机会有限，即便有出国进修的机会，目标也不明确，所学的教育教学理念往往是针对英语作为第二语言的教学环境或发达国家的教育管理体制提出的，与国内英语教学的实际情况有一定的差距，教师回国后很难在自己的教学中做到学以致用。攻读硕博学位虽然能提高教师的专业素质，但由于教师教学任务繁重，能够获得进修机会的教师人数较少，而且进修课程设计往往脱离一线教师的实际需求，缺乏针对性，在实际操作中教师也往往出于功利，为证书和考试而学的思想比较严重，无益于真正在教学实践中的反思与研究（束定芳，2012）。

此外，英语教师教育的形式与内容也存在诸多问题。教育的形式以“一次性”“填鸭式”的培训为主。“一次性”的培训往往是为了提高教师的教学技能，而忽视了对教师教学反思的引导，因此不利于教师知识的建构、更新与迁移，无法帮助教师在教育实践中升华理论、通过教学研究解决教学实践中的问题、优化教学质量，因而不能产生长期效应，很难使参与培训的教师树立自觉的专业发展意识，获得实质性的、可持续的自我更新的力量（叶澜 等，2001）。“填鸭式”的理论灌输、知识本位的专家讲座、交流与互动的缺失、教师反思意识培养不足、培训工作缺乏后续跟进等这种“自上而下”、外在于教师专业发展需求、以技术理性为基础和以知识灌输为特征的“培训层面的教师教育活动”无法满足英语教师的职业发展需求（Richards et al.，2005）。而培训的内容往往实用性不足，缺乏现实指导性，导致理论灌输与教学实践脱节，造成培训内容与教育教学现实需求之间的矛盾，无法帮助教师切实解决他们在教育教学中遇到的实际问题，也无法使教师的实践经验得到理论提升；培训内容缺乏系统性和连贯性，培训选材随意性较大，对于学科专业知识和学科教学法知识的教授零散混乱（龚亚夫，2011）。国内外的相关研究也表明，教师专业能力的发展不能依靠一两个专家对众多教师进行讲座式培训来实现，而是要通过教师在教学实践中的不断思考与探究来实现（周燕 等，2007）。

当前教师教育中存在的不足，使得语言教师缺乏从事科研的能力与信心（Kumaravadivelu，2012）。因此，时下急需真抓实干的工作是教师的在职培训工作，主管部门应在调研的基础上制定有效的措施，尽快提高我国外语教师的业务水平和教学技能；要采取有力措施减轻英语教师的负担，让教师有足够的时间读书治学、思考问题、讨论问题、研究问题(秦秀白，2005)。要帮助教师形成对自己课堂教学的敏感性，让教师通过对自己教学体验的反思和概念化获得专业成长(叶澜 等，2001)。

二、研究思路

目前，大学英语教师整体呈现出理论基础薄弱且与实践脱节、学历水平低、职称结构不合理、英语教学研究成果水平不高、研究能力亟待提高等问题，一些承担教师教育及师资培训的高等院校与机构不具备应有的培养培训资质或质量低下。针对这一现状，本书以大学英语教师为对象：首先，在教育批判理论的观照下，对大学英语教师的专业发展状况进行调查与反思，从而揭示当下我国大学英语教师教育的取向及存在的问题；其次，在以上回顾的基础上，以终身学习理论、人的发展理论、建构主义理论、实践—反思取向的教师发展理论和教师发展阶段论等为指导，形成大学英语教师对专业发展路径的选择受到相关因素影响且这些因素所产生的作用又有主次之分的基本理论观点；最后，就这些初级理论对一线教师进行问卷调查的同时，对案例教师进行访谈，并在指导大学英语教师教学实践的过程中不断进行理论修正，力求探索出适合中国国情的大学英语教师专业发展路径，以期为教师教育机构、各级各类学校，以及教师自身在探索有效的英语教师教育模式与培训方面提供参考与借鉴。

三、研究问题

研究问题与研究对象决定了本研究以叙事探究、案例研究的质化研究方法为主，辅之以问卷调查的量化研究方法，寻求质性材料与量化数据的相互融合、相互支持，力求阐明以下问题：

（1）大学英语教师的专业发展路径有哪些？可获得的专业发展路径有哪些？有效的专业发展路径有哪些？这些路径对教师的专业发展作用如何？

（2）大学英语教师专业发展路径的影响因素有哪些？它们是如何对教师的专业发展产生影响的？这些因素在教师专业发展的过程中产生的作用有没有主次之分？

四、研究意义

（一）理论意义

首先，为大学英语教师的自我成长提供理论基础。束定芳、庄智象（2008）指出，许多在教学一线的老师对外语教学理论不甚了了，甚至漠然，由于缺少理论意识和必要的训练，即便他们在教学过程中在教学灵感的引导下有一些很好的教学方法和设想，却不能从理论上将其升华和总结，影响了对这些方法和设想的进一步提高和推广。本研究在对国内外现有相关研究进行综合梳理的基础上，探寻了大学英语教师在不同专业发展阶段对专业成长路径的选择，并着重分析了教师选择或侧重不同路径的影响因素，为教师个体分析自我、评价自我、总结自我和实现有效的自我专业成长提供了理论的借鉴与依据。

其次，丰富大学英语教师发展的相关研究。吴一安（2008）通过对相关研究文献的回顾发现，截止到20世纪90年代初，语言教育领域的科研存在两个明显的薄弱环节，即语言教师和语言学习环境。关于语言教师，一方面，教师在语言教育中的重要性不容置疑；另一方面，语言教师与发展研究的理念陈旧（Freeman et al.，1998；刘学惠，2005）、数量匮乏，反差极大。本研究以一线大学英语教师对专业发展路径的选择为研究主题，以量和质相结合的实证研究方法，丰富了对语言教师尤其是大学英语教师在专业发展方面的研究。

（二）实践意义

首先，本研究有利于为教师教育和培训提供必要的启示。在教师发展问题上，教师了解自我、学会研究自我是关乎教师学术生命和保证教学效益的重要环节，也是我国外语教师职业生涯中的薄弱环节，应当成为教师教育和培训关注的重要内容。无数实践经验和大量的研究表明，教师主动制定科研发展的目标、积极从事科研工作对于促进教学实践的持续改变具有决定性作用，否则任何试图改变教学实践的努力都将付诸东流。本书正是对教师自主职业生涯规划的一次行动研究，其中提出的关于教师专业发展路径选择的一些理论观点和方略构思，对教师教育和培训在指导思想、方略选择上具有一定的借鉴和启迪价值。

其次，在当今大学英语教学改革的形势下，教师既是改革的实践者，也是改革的对象，高等教育国际化、高考英语改革与大学英语教学改革的新形势要求教师在知识、能力、态度等方面做出相应变革，进而提升专业素养。只有当教师制定合理的专业发展规划，把外在的制度压力转化为专业发展的动力，进而使自身步入可持续性发展的良性轨道时，教师的专业素养才能得以提升。本研究注重反思中的行动研究，强调研究者和研究对象亲身参与专业发展规划的设计、实施和评估，倡导主动、自觉地反思并持续改进教学行为、更新教学理念，从而探索出一条适合教师自身的专业发展路径，为其他教师（包括其他学科教师）提供启示与借鉴，也有助于大学英语教学改革的顺利开展。

振兴民族的希望在教育，振兴教育的希望在教师。《国家中长期教育改革和发展规划纲要（2010—2020）》指出："教育大计，教师为本。有好的教师，才有好的教育。"教师是教育事业的第一资源，从一定意义上说，教师的质量就是教育的质量，教育的差距归根结底是教师的差距。教师队伍的整体素质是国家综合实力之所系和全民族素质之所系（管培俊，2004）。对大学英语教师专业成长路径的研究，帮助大学英语教师个体获得健康成长的机会，在专业知识与技能方面找到发展的空间，实现整个教师群体基本素质的提升，最终目的就是提高大学英语的教学效果与质量，为国家培养出更多高素质、国际化的复合型人才。

五、写作框架

本书的写作内容分为 8 个章节。

第一章介绍了问题研究的背景，在大学英语师资现状、英语教师专业发展研究状况、英语教师在职教育状况不容乐观的情况下，提出了探究大学英语教师专业发展路径的重要性，并阐述了本书的研究思路、研究问题、研究的理论意义与现实意义，介绍了本书的结构。

第二章综述了教师专业发展的界定与构成要素，回顾了英语教师专业发展的相关概念与发展模式，对教师专业发展路径进行了梳理。本书通过对教师专业发展路径相关文献的梳理与归纳发现，教师要获得专业发展有两种学习形式，每种学习形式又包含不同的专业发展路径。

第三章概述了本书的理论基础，界定了大学英语教师专业发展路径及其影响因素，回顾并整理了与其密切相关的教师专业发展成因与教师学习的相关影响因素，以此为基础建立了本书的概念框架。

第四章根据研究所要阐明的问题，确定了研究目的、对象与内容，选定了研究方法，介绍了研究数据的收集与分析方法。

第五章介绍了问卷参与者的情况，汇报了问卷信度与效度的分析结果，对大学英语教师专业发展路径研究相关的 5 个方面内容（教师对职业的认同，教师的教学、科研状况，影响教师专业发展的因素，教师专业发展的路径与机会，教师对教师专业发展的政策建议）进行了结果陈述。

第六章回顾了优秀教师、优秀英语教师的定义，解释了选择优秀大学英语教师作为案例研究对象的原因，并探究了个人因素、教学实践情境因素、环境因素在优秀大学英语教师选择专业发展路径时所产生的影响。

第七章在对案例研究的基础上对影响大学英语教师专业发展路径的因素进行了再探究与凝练，主要针对大学英语教师专业发展路径概念框架中的不足进行了修正，建构了大学英语教师专业发展研究理论框架，并在此基础上对大学英语教师给出了几种专业发展路径的选择。

第八章为本书研究内容的结论部分。

本章小结

从大学英语师资来看，大学英语教师学历水平较低、职称结构不合理、科研能力欠缺且教学任务繁重。从外语教师专业发展研究状况来看，实证性研究匮乏，数据收集手段较为单一，研究内容宽泛，研究广度及深度不够且部分内容雷同，研究者与研究对象关系不对等。从外语教师在职教育状况来看，培训以“填鸭式”为主，实用性不足，缺乏现实指导性。基于以上问题，本章提出了探究大学英语教师专业发展路径的重要性，并阐述了本研究的研究思路、研究问题、研究的理论意义与现实意义。

第二章 研究文献综述

一、教师专业发展

（一）教师专业化

20 世纪 60 年代，世界各国为了缓解教师短缺的状况，采取各种应急措施，以满足对教师“量”上的需求，而忽略了对教师在“质”上的要求，随之产生的教学质量上的问题，使得各国政府于 20 世纪 60 年代中期开始开辟途径为广大教师进行在职教育。1983 年，在公众舆论的呼唤之下，英国教育与科学部及威尔士事务部共同发表了《教学质量白皮书》，强调了以下 4 个问题：对师资队伍表示担忧；开始关注教师评价制度；强调教师素质；重视师资培训。1985 年，英国两部门又出台了《把学校办得更好白皮书》，其中明确指出，教师素质低下和某些专业师资短缺是导致教育状况日益恶化的主要原因，提高教育质量是教师的职业使命。与此同时，美国优质教育委员会发表了令人震惊的报告《国家正处在危机中：教育改革势在必行》，掀起了全世界教育改革的热潮，“将教师专业教育的范围拓展至整个职业生涯的思想也逐渐得到强化”（叶澜 等，2001）。

1966 年，国际劳工组织和联合国教科文组织在《关于教师地位的建议》中首次以官方文件的形式提出，应把教育工作视为专门的职业，这种职业要求教师经过严格的、持续的学习并保持专门的知识和特别的技术，要求其对所辖学生的教育与福利拥有个人的及共同的责任感。这一官方文件不仅确立了教师职业的专业性质，更为今后各国明确教师的专业化、提高教师地位、开展教师培训与教育奠定了基础。20 世纪 80 年代，美国卡内基教育和经济论坛“教师作为一种专门职业”工作组发表的《国家为培养 21 世纪的教师做准备》和霍姆斯协会发表的《明天的教师》拉开了教师专业发展研究的序幕。这两个报告明确提出了教育改革的重点是提高师资水平，并对教师专业化的概念进行了界定，视其为提高公立学校教育质量的唯一选择。报告还认为，提高教学质量要做到以下两点：一是要确立教学工作的专业性地位；二是要建立与这专业性职业相应的衡量标准，教师教育的责任就在于培养出训练有素的达到专业标准的教师，以教师的专业发展来实现教学的专业化，以确保未来学校对师资的需要。在此之后的研究，主要集中于对教师专业发展规律及如何促使教师实现最大程度的专业发展这两个方面。1996 年，联合国教科文组织在日内瓦召开了第 45 届国际教育大会，此次大会以“加强在变化着的世界中教师的作用之教育”为主题，相关研究报告在总结教育改革成功经验时都明确指出，教师是决定教育改革成功的 3 个关键因素之一，“没有教师的协助及其积极参与”的教育改革从来没有成功过。会议再次强调了教师在社会变革中的作用，并建议从以下 4 个方面实施改革：给予教师更多的自主权和责任提高教师的专业地位；在教师的专业实践中运用新的信息和通信技术；通过个人素质和在职培养提高教师专业性；保证教师参与教育变革并与社会各界保持合作关系（International Bureau of Education，1996；转引自叶澜 等，2001）。

（二）教师专业发展的界定

尽管对教师专业发展的研究已近 30 年，但“教师专业发展”仍是一个众说纷纭的概念，至今没有一个被广泛认同的界定。不同的学者有不同的见解，国外学者与国内学者的观点又有些许不同。

在国外，有学者从教师专业化的角度对教师专业发展做出定义。Hoyle（1980）认为“教师专业发展是指在教学职业生涯的每一阶段，教师掌握良好专业实践所必备的知识和技能的过程”；Perry（1980）认为“专业”一词就有多种含义，不同的人在使用它时可能代表了不同的价值取向。就其中性意义来说，教师专业发展意味着教师个人在专业生活中的成长，包括信心的增强、技能的提高、对所任教学科知识的不断更新拓宽和深化，以及对自己在课堂上采取不同教学方法的原因意识的强化。就其积极意义来说，教师专业发展包含着更多的内容，它意味着教师的成长超出技能的范围而有艺术化的表现，教师成为一个把工作提升为专业、把专业技能转化为权威的人。Fullan 和 Hargreves（1992）认为，教师专业发展既指通过在职教师教育或教师培训而获得的特定方面的发展，也指教师在目标意识、教学技能和同事合作能力等方面的全面的进步。

也有学者是从教师教育即从促进教师专业成长的过程来定义的。Little（1992）指出，对教师专业发展的研究有两种截然不同的路径。路径的不同在一定程度上也反映了‘教师专业发展’一词含义的两面性。其一是教师掌握复杂性的过程，这些研究主要关注特定的教学法或课程革新的实施，也探究教师是如何长期保持对工作的投入。其二是侧重研究影响教师动机和学习机会的组织和职业条件。Darling-Hammond（1994）认为，教师专业发展是指教师通过在职或员工培训所获得的发展，也包括教师目的意识、教学技能和合作能力的提升。Keiny（1994）指出，教师发展就是教师审视自我教学实践以建构自我教学理论这一专业成长的过程。Bell 和 Gilbert（1994）认为，教师发展可被视为教师学习而不是他人促使教师改变。在学习中，教师发展他们的信念和想法，改善课堂教学实践，致力于将他们的看法与改变结合起来。Freeman 和 Richards（1993）指出，教师学习是教师发展的本质和过程。Day（1999）定义教师发展是在教师教学生涯的各阶段中，教师与学生和同事共同回顾、更新和拓展教学并推动教学改革的过程，在此过程中，教师习得知识并发展技能、计划和实践。Evans（2002）认为，教师发展与教师专业实践相关并作用于教师专业实践，是由教师个人的观念、态度、知识和认知情况决定的发展过程，也是教师专业化和专家地位提高的过程。Gabriel 和 Maggioli（2003）将教师发展定义为教师主动参与的持续不断的学习过程，旨在调整教学情况，满足学生学习需求。Richards 和 Farrell（2005）认为，教师发展在某种程度上等同于教师学习，是一个认识、知识建构及实践反思的过程，主要有自我导向学习和合作学习两类途径，具有探寻性、自我评价、经验性、情境性、计划性、合作交流等特性。

在国内，对教师专业发展比较有代表性的见解有："教师专业发展乃是教师为提升专业水准与专业表现而经自我抉择所进行的各项活动与学习的历程，以期促进专业成长，改进教学效果，提高学习效能"，"专业发展一般常与专业成长、教师发展和教师培训等交互使用"（罗清水，1998）；"教师专业发展可理解为教师的专业成长或教师内在专业结构的不断更新、演进和丰富的过程。依教师专业结构，教师发展可有观念、知识、能力、专业态度和动机、自我专业发展需要意识等不同侧面；根据教师专业结构发展水平，教师专业发展可有不同等级”（叶澜 等，2001）；“教师个人在历经职前师资培育阶段、任教阶段和在职进修的整个过程中都必须持续地学习与研究，不断发展其专业内涵，逐渐达到专业圆熟的境界”（朱宁波，2002）；教师在教学专业生活中内在结构是处在不断增长、拓展和完善的过程；等等。

归纳国内外研究者对教师专业发展所做的定义，我们可以发现教师发展有以下几层含义：（1）有利于教师完善自身的知识结构、提升教学技能；（2）教育教学改革促使教师追求专业成长，教师专业发展程度决定了教学改革的广度与深度；（3）利用各种专业发展路径，促进教师对其教学情境的理解与反思，改变原先仅停留在提高教学效果上的追求；（4）利用最新的教学研究成果提升学校教育水平；（5）专业发展的核心目标，是帮助教师在所处的环境中通过主动学习促进个人的专业成长。

结合相关的概念界定，本研究将教师专业发展定义为强化专业意识，增强专业信心，不断更新与拓宽专业结构，完善知识体系，提高专业技能的能动学习过程。在这一过程中，教师受到多种因素的影响，通过行动中的反思，探寻个性化专业成长的有效路径，在专业发展的不同阶段不断建构新知识，实现专业自主，从而培养可持续发展能力。

（三）教师专业发展的构成要素

对于教师专业结构的研究，主要分为两个方面。一方面是对“专业素质”的研究。20 世纪 70 年代中期以前，一些社会科学家曾致力于建立一套具有普遍性的“专业特质”，企图把专业和其他职业区分开来。这类研究是从一般性的、专业的角度来考虑的，它主要适用于作为专业人员群体所应具有的特质，对专业人员个体专业结构的分析有一定的借鉴意义。另一方面是对“教师素质”的研究。其中，有的研究从“动力系统（思想品德）、知识系统和能力系统”来建构教师的组织结构模型（马韶山 等，1989）。后者主要致力于对教师素质要求和优秀教师的素质的研究，未能“从教师作为一名专业人员的角度对教师内在结构进行分析”（叶澜 等，2001）。鉴于此，有学者试图从教师专业的内在结构来进行分析，关于教师专业素质结构的代表性研究如表 2-1 所示：

表 2-1 关于教师专业素质结构的代表性研究

(教育部师范教育司，2003)

研究者	教师专业素质结构
叶澜	专业理念；知识结构；能力结构
艾伦	学科知识；行为技能；人格技能
林瑞钦	所教学科的知识；教育专业技能；教育专业精神
饶见维	教师通用知能；学科知能；教育专业知能；教育专业精神
姚志章	认知系统；情意系统；操作系统
唐松林	认知结构；专业精神；教育能力

在以上有关教师专业素质结构的代表性研究中，都强调了专业精神(理念)、专业知识与专业技能等。叶澜等人（2001）在其前期研究的基础上认为，除了专业理念（教育信念)、知识结构与能力结构外，专业态度和动机、自我专业发展需要和意识也属于教师专业结构的内容，因为教师的专业态度和动机是教师专业活动和行为的动力系统，直接关系到教师的去留，它涉及教师的职业理想、教师对教师专业的热爱程度（态度)、教师工作的积极性能否维持（专业动机）和某种程度的专业动机能否继续(职业满意度）等方面的问题。相关研究还发现，教师的专业动机和对专业的投入随着年龄和任职年限的增长而变化（Sikes，1992)。

自我专业发展需要和意识是保证教师不断自觉地促进自我专业成长和自我专业发展的内在动力。自我意识对人的发展起着重要作用，因为它意味着人不仅能把握自己与外部世界的关系，而且能把自身的发展当作自己认识的对象和自觉实践的对象，人能构建自己的内部世界。只有达到这一水平，人才能在完全意义上成为自己发展的主体，独立的自我意识和自我控制能力的形成把个体对自身发展的影响提高到自觉的水平。这是一种影响性质的变化，不纯粹是强弱、大小的变化(叶澜，1991)。教师的自我专业发展意识还使得教师能够“理智地复现自己、筹划未来的自我、控制今日的行为”，使得“已有的发展水平影响今后的发展方向和程度”，使得“未来发展目标支配今日的行为”（叶澜，1991)。

叶澜将教师专业发展过程中的“专业态度和动机”与“自我专业发展需要和意识”纳入教师发展的专业结构中，作为分析教师专业发展的重要维度，充分考虑了教师作为有生命、有思想的人的主观能动性。

二、外语教师专业发展

（一）外语教师专业地位的确立

1965 年 5 月，Brooks（1966）在哈佛大学举行的“外语教师准备大会”上，以律师、医生和牧师 3 个专业职业标准为参照，总结了语言教师具备专业地位的 6 个条件：对候选人有选择标准；进入准备（培养）计划有各种必要条件；专业学习阶段的课程内容；通过资格考试才允许实践；有实习期；参加者必须恪守一套道德准则。尽管如此，当时还是有很多学者对语言教学是否能成为一门专业持质疑态度，他们认为，专业要有独特的特点，需要专门的技能和培训，是一个终身的有价值的事业抉择，并且可以使人产生高度的职业满足感（Richards et al.，1994），但他们又无法否认语言教学对公众进行语言习得的重要性。

然而，Richards 等（1991）的调查发现，英语教师都持有语言教学是一门专业，从事语言教学的教师属于专业人员的观点，他们愿意承担专业责任，尽职教学并提高学生的成绩。他们还强调了所教语言在教育、工作中的重要性。1991 年，国际英语外语教学协会认为，20 世纪外语教学实践与理论研究迅猛发展，积累了大量的文献资料，外语教学的专业性正在形成。实践也证明：“一定的语言水平只能是外语教师的一项基本要求，而更重要的职业标准则是能否有效地组织教学。”（余渭深 等，1992）。语言教师的专业地位得以确立。

（二）外语教师专业发展相关概念的厘清与界定

“语言教师教育的原则及内容是以语言教学过程为基础的，从实践中摸索出优秀教师的理论”（陆忆松 等，2008）。有关语言教师教育的概念，Freeman（转引自 Richards，1998）认为：“‘第二语言教师教育’一词至今仍是一个棘手的、没有明确定义的混合物。从词汇结构上看，它可以有不同的含义和理解，这也说明该领域研究重心的不断变更。20 世纪 80 年代前期，我们强调的‘第二语言教师教育’，其研究重心在于如何教会学员教授第二语言，这时‘教育’大抵与‘培训’同义，于是，这就出现了针对‘第二语言和教师’而言的（培训）与针对‘教育’而言的（培训）过程之间的区别，而前者是当时关注的问题。到了 20 世纪 80 年代后期，‘第二语言教师教育’就基本被定义为培训或传授一些我们知道或认为对第二语言教学比较重要的知识和技能。直到20世纪90年代，该词汇的结构组成变为‘第二语言’教师教育，这样，就出现了‘第二语言’作为教育的内容或学科知识与‘教师教育’成为教育过程的划分方法，这时的‘教师教育’涵盖了教师培训和教师发展的整合过程。”而“教师培训”“教师教育”“教师发展”（Richards et al.，1990；Richards，1998；Freeman，2001）是相关文献中频繁出现且时常互指，但意义上又有不同的3个常用术语。

Richards认为，培养教师的观念应从“教师培训”转向“教师教育”，即培养内容应从传统的语音、语法理论，转向语篇分析、第二语言习得、课堂观察与组织、句法、音位、课程及大纲设计、语言测试等综合素质教育层面。Pennington也认为，培训是狭义的概念，而教育的含义较广，教育除要求掌握足够的教法和拥有适当的选材、课程设置、评估的能力，还要求教师掌握一定的理论。若把教学作为终身职业，则教法的灵活性必不可少。教育能为教师的继续成长和提高提供自信与知识，培训则提供了接受反馈、贯彻他人建议的经验。教育是宏观的，培训是具体的。Ur指出，教师培训与教师教育的概念在有关教师培养的文献中常常互换使用，但是很多人更倾向于使用教师教育的概念，因为培训暗含着将学习教学看成形成教学习惯的过程，忽略了教师的认知与思维，过分强调技能与技巧的传授，而教师需要学习理论，需要培养课堂决策的能力，需要专业素质的全面发展，因此教师教育一词更为适合。Ur将教师培训定义为“为某一职业培养从业者”，而引用Peters的观点将教师教育定义为“教师作为个人和社会成员发展道德、文化、社会和智力等的全面学习过程”。

Freeman对“培训”与“发展”进行区分，他认为，教学过程是教师不断地做出决策的过程，而决策的形成主要基于4个基本要素：知识、技能、意识和态度。这里的知识指学科知识，也指教学理论知识；技能指教学基本策略与技能；意识指教师对教学过程、教育规律和学生学习需求的意识；态度则指教师对教育、教育价值和人的发展的理解。他还认为，我们可以通过培训，以传授、展示、描述或讲解的方式使教师获得知识和技能，因为知识和技能是看得见、摸得着、具体的东西，教师也比较容易理解和掌握。但是，意识和态度是无法通过传授的方式传达给教师的，意识和态度只能通过“发展”的方式来完成，即通过教师在教学实践中的反思、与学生不断地交流与互动、对问题的分析和解决的过程逐步发展并形成的。教学意识与教育的价值观和态度在教学决策过程中起着比知识和技能更加重要的作用。在《语言教师专业发展》一书中，Richards 与 Farrel 认为，教师培训与教师发展是教师教育的两个不同层次的目标。培训直接关注教师的现有责任，为教学的短期目标服务，其内容包括帮助受训者理解基本的教学概念和原则，使其学会在教学实践中运用并展示这些原则，观摩受训教师的课堂教学并给予指导与反馈，等等。这些内容通常是专家根据教学法专著、遵循标准化培训计划和安排而制定的“自上而下”的活动。教师发展指的是教师专业的发展，强调教师综合素质的提高，旨在促进教师对教学实践和对自身作为教师的不断深入的理解与认识，它关注教学的不同方面并以此作为反思回顾的基础，因此是一个立足教师自身教学理论的自下而上的过程。Sparks 和 Hirsh 指出，必须将教师专业发展的培训模式向以教师为中心的发展模式进行转变。

国内也有外语教育专家与学者定义了相关概念。刘润清认为，教师教育与发展领域中所用术语的改变在一定程度上反映了该领域研究重心的转移与观念的转变。最初，研究者使用“教师培训”一词，但后来不少研究者认为，“培训”的内容主要是技术、手艺，有培养教书匠之嫌，忽视了对教师的通才教育及其认知能力的发展，于是就用“教师教育”一词代替了“教师培训”。“教师教育”不再局限于给教师教学方法上的具体指导，而是通过开设普通语言学、应用语言学、语言测试和评估、科研方法等课程，提高教师的理论意识，拓宽他们的思路，帮助他们更好地理解和把握语言教学。但是，后来人们认识到“教师教育”仍然只是把现成的理论或发现直接传授给教师，于是又采用了“教师发展”这一概念，更强调在教育的基础上鼓励教师去反思自己的教学，观察自己的课堂行为，评估自己的教学效果，开展基于课堂的行动研究。张莲将外语教师教育定义为“外语教师学习教授外语的所有内在、外在活动的总和”，这一定义包含了教师培训与教师发展中一切能够培养有效实施外语教学的教师学习活动。

综合以上概念，“培训”以传统的知识本位的讲座与观摩为主要形式，侧重于对教师知识、技能与方法的培养，视教师为被动的接受者，忽略了教师的认知能力与学习自主性，是一种“自上而下”的过程；“教育”侧重于从教师作为教育者的角度来决定该做什么、怎么做、以什么样的教育模式来培养教师的教学与科研能力，进而促成教师的专业发展。本研究侧重于教师自身对教学与教师角色的深刻理解与反思，探讨这种理解与反思对专业发展路径选择所产生的影响，鼓励教师进行自我研究，关注的是教师的职业自我成长与可持续发展，并将其视为一种贯穿教师整个职业生涯的自下而上的过程，因而本研究采用的是“发展”的概念。

（三）外语教师专业发展模式研究

国外外语教师专业教育模式包含 Wallace 提出的匠才/学徒模式（the craft model）、应用科学模式（the applied science model）和反思模式（the reflective model），还有 Ur 提出的增强反思模式（the enriched reflective model）。本研究主要探讨大学英语教师借由反思所形成的实践性知识与专业发展路径选择之间的循环互动问题，因而着重阐述反思模式与增强反思模式。

1. 匠才/学徒模式

匠才/学徒模式是指在专业技艺的学习过程中，学徒听从师傅的建议和指导并通过模仿师傅的技能而获得技艺。这一概念引申到教师教育领域，是指新教师通过模仿有经验教师的教学来学习教学方法，但新教师并不了解教学法背后的理论或原则，这种模式如图 2-1 所示：

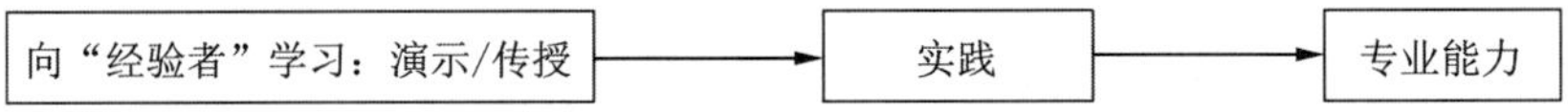

图 2-1 匠才/学徒模式（Wallace，1991）

这一教师教育培养模式沿用至第二次世界大战结束。Stones 和 Morris（1972）认为，这种保守的机械模仿的教师教育模式，不论它在实践中的有效性有多大，它都只适合应用于一个发展比较缓慢、相对静止的社会。这种方法不利于教师的专业发展（Stenhouse，1975），而且随着社会的快速发展，尤其是随着心理语言学、社会语言学和应用语言学的出现与引入，以及新的教学理论、教学方法、教学大纲等不断变化，越来越显示出这种将高质量教学简化为一系列彼此分离的行为或者技能的做法对与这些技能相联系的高层次的认知处理和决策过程的忽视（Richards，1998），于是教师教育中的应用科学模式应运而生。但匠才/学徒模式并没有退出教师教育培训的行列，因为在培养教学技能等方面，经验教师对新手教师的帮带仍不失为一种有效的教师教育模式。到了 20 世纪 70 年代，它又重新被应用于教师教育领域。

2. 应用科学模式

应用科学模式是一种自上而下的、以实证主义理论为基础的教师培养理念，从出现至今一直是专业培训或教育领域中应用最为广泛、最具影响力的一种教师教育模式。这一教育培训模式是专家学者将各学科的理论知识、实验成果及具体的教育教学技能技巧传授给教师，教师自然而然地将所学内容应用于教学实践，同时获得专业的成长。这一过程为：理论学习+理论应用=专业发展。应用科学模式如图 2-2 所示：

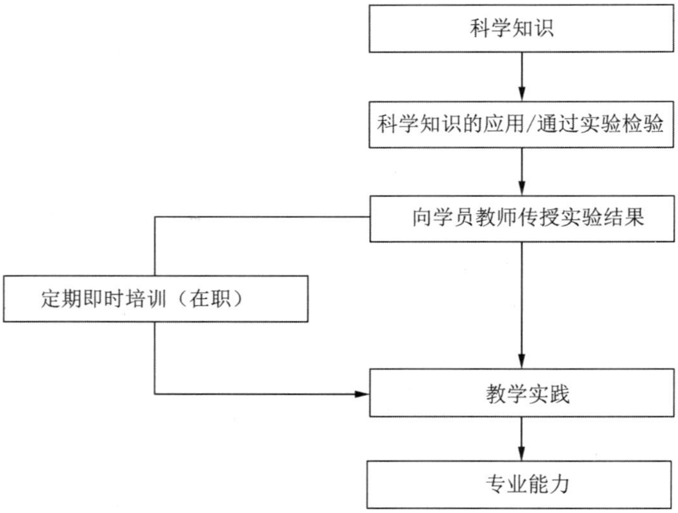

图 2-2　应用科学模式（Wallace，1991）

应用科学模式的优点是能将外语教育的理论与研究成果快速、经济地传授给受培训教师，可操作性强，但是这种教师教育模式忽略了教学的复杂性，没能充分考虑教学过程中的诸多变量，理论运用于实践的情境性与个性化特征等也未能顾及，造成了理论与实践的脱节。此外，理论研究者处于教师的外围或上层，其身份通常是理论的传递者与评估者，而教师只是理论的实践者，一旦教师实践效果不佳，人们往往认为是教师未能充分领会理论精髓，或是操作不当，或是实行不力。教师无权质疑理论，理论完全凌驾于实践之上，教师的实践智慧不被认可，理论研究者与教师之间是不平等的合作。久而久之，教师没有学习理论的动机，而理论家又没有实践理论的机会（Wallace，1991）。Widdowson（1999）指出："任何来自外部的研究，无论是描述性的、实验性的还是思辨性的，都不可能直接移植于课堂情境中。"他还认为，语言教学有其自身的规律可循，应用语言学的作用不是将语言学理论直接应用于语言教学，而是探讨这种应用的正确性。在这种情形下，出现了教师在自我的教学实践中发现问题，并通过深入思考与观察找到解决问题方法的语言教师教育的第三个模式——反思模式。

3. 反思模式

反思是捕捉、活化经验的手段，通过赋予经验新的意义，使教师产生新的理解（Wade et al.，1996）。反思模式着重于教育理论与教学实践的有效结合，教师在对实践进行主动而周密的思考中不断变化、充实与完善自身的知识体系，通过"行动中的反思"形成"行动中的理论"。Wallace 指出，教师专业行为过程中的反思实践为专业能力的提高提供必要的推动力，教师通过实践—反思的循环（the reflective cycle）达到专业的发展。对外语教师而言，反思模式就是通过专业知识（received knowledge）与经验性知识（experiential knowledge）相互作用，形成教学实践和反思的核心和理论基础，即形成教师的自我发展动力，再借由反思和实践的循环过程，让教师获得理想的专业化职业能力（professional competence）。反思模式如图 2-3 所示：

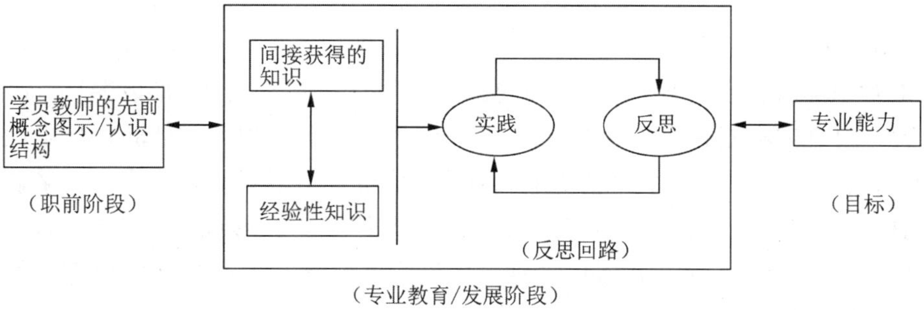

图 2-3 反思模式（Wallace，1991）

教师教育的反思模式具有以下 3 个特点：（1）鼓励教师在实践中提出并总结个人的理论见解，而不是盲目地追随他人的理论；（2）在教师自身发展的规划中，学员教师与教师教育者处于平等地位；（3）反思模式体现了个性化，核心是强调个人在实践中的不同见解（McNiff，1993）。这种模式有利于改变教师被动接受知识的状况，克服传统教师教育中理论与实践相脱节的不足，通过对教师专业知识与经验知识不断实践反思的循环过程，实现教师专业能力的提升。

4. 增强反思模式

增强反思模式仍以外语教师教育领域里极为推崇的反思性教学（reflective teaching/practice/approach）为基本思想，但它是对反思模式的改善与充实。Ur（2000）基于反思模式中对经验知识“矫枉过正”的不足，提出了增强反思模式。

Ur（2000）认为，反思模式在对外语教师进行教育与培训的过程中往往过分强调经验的重要性，在充分肯定教师自身的教学经验对教师学习极具意义的同时，真正有效的反思模式应该为教师个人输入和外来输入都留有空间，因为教师反思的作用在于保证教师个人能有效处理各种输入，不管输入来自何处，都能使输入的知识内化，形成个人的实践知识和教学理论。这种教师教育模式即增强反思模式。

增强反思模式以 Kolb（1984）的经验学习理论为依据，以外部输入充实学习循环体系中各阶段的内容，以此来促进教师反思。Kolb 运用建构主义的学习理论，认为学习就是一个通过经历与转变获得知识的过程。他的经验学习循环模式详细论述了“经验+反思”的思想，将知识的来源分为 4 种：具体的经验（concrete experience），反思性观察（reflective observation），抽象的概念（abstract conceptualization），积极的实验（active experimentation）。Kolb 认为，要想产生最佳的学习效果，任何一种方式获得的知识都需要经过下一种方式的进一步处理，一种接一种，形成循环。因此，自觉或本能获得的具体经验，应该借助观看和洞察使主体获得反思性观察，主体再通过理智的思考获得抽象性概念，然后进行积极实验，采取真正的行动，而行动又会带来进一步的具体经验，形成下一轮的循环。Roberts（1998）肯定了 Kolb 的观点，认为经验学习理论为师资教育提供了一个灵活、有效的实施框架，为教师学习设计了一个体系，即将教师经历、反思讨论、接触大众和实验的机会合为一体。经验学习模式如图 2-4 所示：

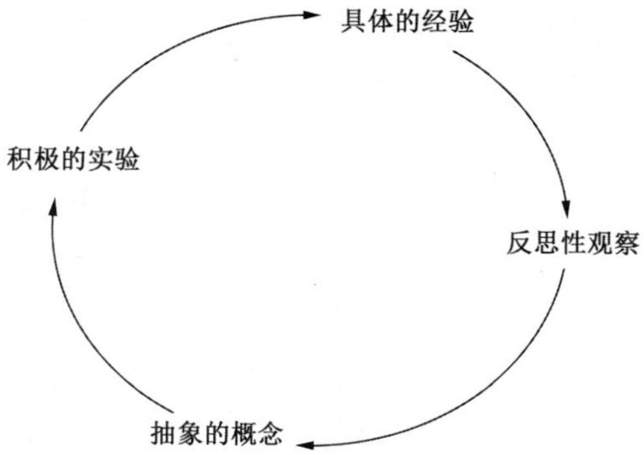

图 2-4　经验学习模式（Kolb，1984）

Ur（2000）认为 Kolb 的经验学习循环模式需要得到外来输入的充实，教师有很多知识可以从经验丰富的教师那里学到（匠才模式），从专家那里、从研究及阅读中习得（应用科学模式），只要这些知识能被有效地融入教师自身通过反思建立的教学理论。因此 Ur（2000）建议在 Kolb 的循环过程中的每一阶段上增加外来输入，在原有具体的经验、反思性观察、抽象的概念与积极的实验上，吸收他人的间接经验（other people's vicarious experience）、他人的观察（other people's observation）、专业的研究与理论（professional research，theorizing），以及他人的实验（other people's experimentations）。增强反思模式的学习循环过程可以从 8 个点中的任何一点开始，而不局限于以经验为起点，增强反思模式如图 2-5 所示：

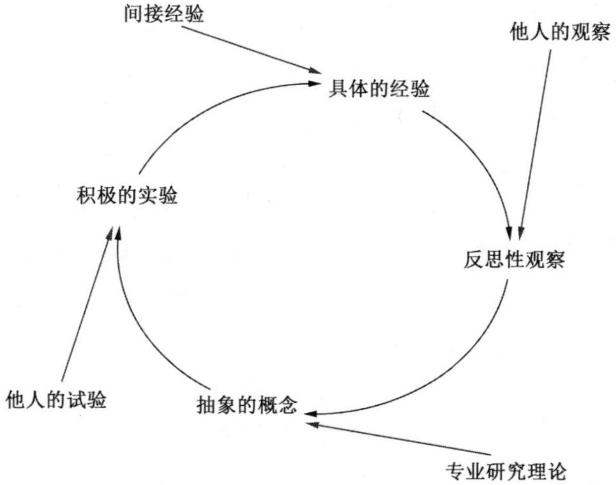

图 2-5　增强反思模式（Ur，2000）

Ur（2000）还指出，教师借以反思的知识来源可以是个人的经验，也可以是外来的思想和输入，但在这两种情况下，教师都应将知识融入反思过程以达到有效学习的目的。

匠才/学徒模式是静止的，是对专业发展中经验知识的一种机械模仿，忽略了相关领域的理论发展，无法跟上社会与学科知识快速发展的步伐。应用科学模式虽然在一定程度上弥补了匠才/学徒模式所存在的不足，但其过分强调理论及理论研究者的权威性，忽略了教学实践的复杂性及教师的实践经验，不仅造成了理论与实践的脱节，还造成了理论研究者与一线教师之间的分歧与隔离。此外，“科学”理论并非真理，无法有效解决具体教学情境中出现的问题与教学中的突发事件。反思模式是发挥教师主体地位的模式，其核心是教师的自我发展（Wallace，1991）。增强反思模式是反思模式的补充与完善，是更为理想的一种提高外语教师自身素质与专业能力的教师教育模式。综上所述，反思已成为提高外语教师专业能力的重要途径与有效手段，成为“外语教师教育”的核心（Freeman，2002）。因而，本研究也以反思作为教师专业学习的主要路径，鼓励教师对自身、学生、教学活动及教学环境进行反思，以探索有效的专业发展路径，实现教师专业的可持续性发展。

三、教师专业发展路径研究

早期的研究者将专业发展路径作为教师学习的一个影响因素进行研究，但随着研究的不断深入，研究者发现专业发展路径对教师的专业成长有着极为重要的作用，不同的教师在其专业成长的过程中都会选择适合自身发展阶段的路径以实现专业成长的目的。作为早期调查教师专业发展路径的研究者之一，Kwakman（2003）对 16 名不同学科的中学教师进行了访谈，发现有 32 种活动是教师借以实现学习目的的具体形式，并将其归纳为阅读、实验、反思、合作 4 个学习途径。之后，她通过问卷进一步调查了教师参与这些学习活动的频率，发现教师参与不同学习活动的频率差异较大，其中指导学生学习技巧、阅读学科相关文献、学习教学内容、与同事分享教学心得、编写教学素材、自我教学反思等活动的参与频率较高，而进行课堂教学观摩、与同事合作备课、征求学生反馈意见等活动的参与频率较低。Kwakman 研究发现，自我导向活动是教师学习的主要活动形式，而合作学习是教师较少参与的学习活动形式。Butler 等人（2004）通过对 10 名中学教师的访谈和观察发现，教学反思与教学实践活动是教师实现学习目的的主要路径，它们帮助教师提升并完善了有关教学与学习的知识。另外，教师还采用了观摩课堂教学、尝试新教学方法、反思教学效果、与同行交流、听专家指导等学习路径。该研究结果表明，教师的自我导向学习形式与合作学习形式在教师的专业成长过程中都起到了重要作用。

Kwakman（2003）与 Butler 等人（2004）的研究对教师的学习活动形式进行了探究，并将其归纳为不同的教师专业发展路径，但在教师的主要发展路径方面又意见不一，且未能充分分析得出教师选择不同学习活动形式或专业发展路径的原因。鉴于此，Meirink 等人（2009a）调查了荷兰中学教师对不同学习活动的偏好，借助调查问卷和教师电子日志对相关研究资料进行了收集，研究发现，批判性个人反思是教师最为常用的学习路径，但在教师面临较强挑战或较大困难的时候，他们也会通过与同事合作或交流进行学习。可见，自我导向型学习形式是教师最常选择的专业发展学习形式，而教师选择合作型学习形式的目的是获得他人协助来走出所面临的困境。此外，Meirink 等人（2009b）还探寻了在教学改革情境下教师在教学实践中所进行的学习活动与教师信念改变之间的关系。研究发现，教学改革促使教师改变有关教学和学生的信念，教师在教学实践中的学习活动与信念改变之间存在一定关系。教学反思、观摩课堂、讨论交流、培训项目、实验教学、阅读或收听活动、教师合作实验、学生作业评估、师生交流、观察学生、自我评估、分析试卷、期末反思、撰写教学日志等都是教师在教学实践中所选择的学习路径，自我导向学习型学习形式与合作学习型学习形式均被教师视为主要学习形式。Kang 和 Cheng（2014）对新教师在教学实践中学习活动形式与学习路径选择的研究结果与 Meirink 等人（2009a）的研究结果一致，访谈与课堂观察资料的结果显示，教学反思是教师在学习过程中选择的主要专业成长路径，促成教师改变的主要因素是教师经验、教学反思和教学情境。

但是，林克松（2014）的研究结论与 Meirink（2009a、2009b）等人的不同。他采用问卷调查的方式，对 848 名中国职业教育教师的专业学习路径进行了调查，发现教师的学习形式以个体学习为主，集体学习形式还未成形，教师的学习途径可分为研读反思、规划行动、观摩借鉴、交流共享、合作实践等 5 类。上述研究结果既可相互印证，也有着一定的差异性。可见，来自不同国家、不同类型和不同层次学校的教师对学习形式及路径的选择之间有着一定的共性，但受到国情、文化和具体教学实践情境等因素的影响，教师的学习形式与学习路径也有着较大差异。因此，想要深入了解特定教师群体的专业学习形式与路径，势必要对该群体教师进行调查研究。

针对教师在学习形式上对自我导向学习和合作学习的不同选择，研究者对不同的学习形式进行了探究。专门探究教师自我导向学习活动情况的研究者往往以访谈和观察等质性方法为主，有时辅以问卷调查等量化方法。Bakkenes，Vermunt 和 Wubbels（2010）通过对教师学习情况的调查发现，教师自我导向学习路径可分为实验、反思、交流、发现问题、采用新方法和规避性学习等六大类，其中实验和反思被选择的频率最高。此外，深入调查教师具体学习路径情况的研究结果显示：教师的专业发展阶段会对非正式学习路径的选择产生影响，随着教师年龄的增长，教师阅读专业文献的频率也在增加（Richter et al.，2011）；学生反馈是促进教师改进教学方法、加强专业学习的重要因素（Heiskanen，et al.，2013）；教师的专业发展水平在指导学生进行教学实践的过程中得以提升（Chen，2012）；教师在教学实践中的学习调节方式、学习策略与工作满意度之间存在着互动影响关系，学习过程中的自我导向调节方式和任务导向调节方式都对交互学习策略、探究学习策略和思辨能力产生显著的正面影响（张敏，2010）。

在一部分研究者对教师自我导向学习形式进行研究的同时，还有一些研究者着重关注教师的合作学习形式。相关研究发现，在合作学习中，采用故事叙述或通过对话和协商进行同伴互助学习，有利于教师的职场学习效果，促进专业发展（Shank，2006；Zwart et al.，2008；Jawitz，2008；Fahim et al.，2013）。Levine 和 Marcus（2010）分析了教师合作学习活动对教师专业发展的作用，通过对相关资料的分析，他们发现，合作活动的结构与关注点对教师与同事讨论教学问题的频率和具体程度、校内合作活动的主题及教师学习机会存在影响，合作活动组织方式对教师学习效果影响较大。还有研究者在对有效合作学习所需要的活动形式进行探究时发现，只有当团队真正能进行合作、探讨和交流时，教师学习共同体才能真正发挥作用（van Es，2012）。郭遂红（2014）借助访谈与观察，并辅以对文献资料的分析，对一个教学团队成员的非正式学习情况进行了调查，调查显示：教师的非正式学习与日常教学活动密切相关，实验教学、教学反思、基于教师学习共同体的交互式学习和行动研究为教师的主要学习途径；教学情境下的非正式学习有助于外语教师发展学习认知和身份认知，在学习过程中教师的理论知识由外显向内隐转化并推动了教师自主专业发展。

上述研究表明，在专业学习与专业发展的过程中，教师会采取自我导向学习与合作学习形式，教师的课堂教学是教师学习的第一手素材，教师的学习源于教学实践，教师借助反思路径对教学进行研究，形成初步的实践教学理论，这一实践教学理论又反过来作用于教师的课堂教学，最终形成了良性的互动循环机制，在帮助教师实现专业发展目的的同时，推动教学改革的顺利进行。教师的自我导向学习分为教学反思、师生交流、实验教学、规划行动、教学研究和研读反思等专业学习路径，合作学习则包含了交流共享、合作研究、合作实践和观摩借鉴等专业学习途径。

上述的研究结果还显示，虽然来自不同背景的教师专业学习存在着共性，但在特定的情境下，教师的专业学习形式与学习路径也存在着一定差异。这类研究常以质化的研究方法为主，辅以量化的调查方法进行资料收集，进而对研究资料进行梳理、分析、阐释，再以“相关检验法”，即“三角检验法”对研究结果进一步验证。

虽然上述研究为本书提供了借鉴，但这些研究也存在着明显的不足之处。一方面，研究者对教师的两种专业学习形式（即教师自我导向学习与合作学习）在教师专业成长中的比重各持己见，不同专业学习形式的选择具体又体现在教师对专业学习路径选择上的不同，研究者没有在研究中进一步调查教师在不同的环境中选择专业发展路径的倾向及原因，即未有对教师可获得的专业发展路径有哪些、教师倾向选择的路径有哪些、在实际的教学实践过程中教师实际选择的路径有哪些、教师在选择专业发展路径的过程中受到哪些重要因素的影响及这些因素的影响程度又是如何等问题进行具体的探究。另一方面，原先对教师专业学习、成长路径的研究未有专门涉及中国大陆大学英语教师这一较为庞大的教师群体的研究，虽然这一群体与其他教师群体有着共性，但因其在国内高等教育中时常作为改革先锋和改革的对象，决定了它又有其特性，且目前大学英语师资队伍总体存在学历情况不尽如人意、职称结构不尽合理、科研能力与水平不高、教学任务较为繁重等现实状况，更体现了大学英语教师在教师专业发展领域作为被研究对象的迫切需要。因此，笔者对以上问题有了进一步探究的想法，本次探究将大学英语教师专业发展路径及其影响因素作为研究对象，以期为处在专业发展困境中的大学英语教师提供帮助与借鉴。

本章小结

本章首先综述了教师专业发展的界定与构成要素，其次回顾了外语教师专业发展的相关概念与发展模式，最后对教师专业发展路径进行了梳理。通过对教师专业发展路径相关文献的梳理与归纳发现，自我导向学习形式与合作学习形式是教师获得专业发展的两种主要学习形式。教师的自我导向学习分为教学反思、师生交流、实验教学、规划行动、教学研究和研读反思等专业学习路径，合作学习包含了交流共享、合作研究、合作实践和观摩借鉴等专业学习途径。虽然来自不同背景的教师专业学习存在着共性，但在特定的情境下，教师的专业学习形式与学习路径也存在着一定差异。相关文献的回顾与梳理显示，研究者对教师可获得的专业发展路径有哪些、教师倾向选择的路径有哪些、在实际的教学实践过程中教师实际选择的路径有哪些、教师在选择专业发展路径的过程中受到哪些重要因素的影响及这些因素的影响程度又是如何等问题没有进行具体的探究。本研究将对以上问题做进一步的探究，且以大学英语教师专业发展路径及其影响因素作为本次探究的对象，期待这一研究能给寻求专业成长的大学英语教师以启示。

第三章　研究的理论框架

一、理论基础

目前，国内外研究者大多以一般教师教育的理论与实践经验作为第二语言教师教育的研究基础，国际教师教育研究领域中也呈现了多学科发展的趋势，因此，笔者将教育学、心理学等相关理论作为本书研究的理论基础。

（一）终身学习理论

“终身教育”思想是保罗·郎格朗（Paul Lengrand）于1965年在巴黎联合国教科文组织会议上首次提出的。这一思想主要体现在以下4个方面：

> 1. 教育过程必须贯穿于人的一生。人格的发展是通过人的一生来完成的，教育不能停止在儿童期和青年期，只要人还活着，教育就应该继续。
>
> 2. 成人教育作为终身教育的一部分，有利于进行教育革新，能为解决社会上严重的代沟问题提供合理方法。
>
> 3. 终身教育没有固定的内容和方法，其重点是养成学习的习惯和获得继续学习所需要的各种能力，即所谓学会学习。
>
> 4. 终身教育贯穿于人的个性发展的始终，注重个性发展的统一性、全面性和连续性。

20世纪70年代，法国原总理、时任联合国教科文组织国际教育发展委员会主席的埃德加·富尔成为终身学习理论的重要推进者。他和他的同事们认为，虽然一个人正在不断地接受教育，但其越来越不成为对象，而越来越成为主体了。每一个人都必须终身不断地学习。他们还认为，终身学习是一种生存方式，是学习主体的转移，是一种自主性的学习，是多方面的学习，终身学习无所不在，终身学习的目的在于建立自信和培养能力，以适应社会变化。

1989 年联合国教科文组织在《学会关心：21 世纪教育——圆桌会议报告》中将终身学习称作“面向 21 世纪的学习观”，使得终身学习的理念在 20 世纪 90 年代盛行。1994 年 11 月，欧洲学习促进会在罗马召开了首届全球终身学习大会，会议将终身学习定义为“21 世纪的生存概念”，“是通过一个不断的支持过程来发挥人类的潜能，它激励并使人们有权力去获得他们终身所需要的全部知识、价值、技能与理解，并在任何任务、情况和环境中有信心、有创造性和愉快地应用他们”（转引自高志敏，2005）。这是终身学习首次被提到了“生存概念”的高度，这意味着终身教育思想打破了把人生分成学习和工作两个阶段的传统观念，意味着教师应将其专业成长诉求落实到自我教育与自主学习的实际行动中，让自己成为学习化社会中的终身学习者，实现学习、工作的一体化。

教师专业发展的长期性、阶段性与生成性的特点决定了教师专业发展是一个终身学习的过程，教师“要成为一个成熟的教育专业人员，需要通过不断的学习与探究历程来拓展其专业内涵，提高专业水平，从而达到专业成熟的境界”（刘捷，2002）。本研究中的大学英语教师在其职业生涯中只有持有终身学习的理念，对专业发展路径进行不断的调整与选择，才能实现教师知识的有效积累，满足专业发展需求，才能成为“一条小溪，一条小河，一条常流常新、敢于不断否定自己、更新自己的小河”（陈玉琨 等，2001），紧跟时代的步伐。

（二）人的发展理论

“人直接地是自然存在物。人作为自然存在物，而且作为有生命的自然存在物，一方面具有自然力、生命力，是能动的自然存在物；这些力量作为天赋和才能、作为欲望存在于人身上；另一方面，人作为自然的、肉体的、感性的、对象的存在物，和动植物一样，是受动的、受制约的和受限制的存在物，也就是说，他的欲望的对象是作为不依赖于他的对象而存在于他之外的。”（马克思、恩格斯，1979）“人的发展，并不单是以自然的安排和赐予为基础的，而是以人自己的生产和创造及其结果为基础，但又都渗透着人追求真善美相统一的理想的意识，因而都体现了人文精神，具有扬弃和高于自然的文化性质。”（夏甄陶，2000）有关人的发展，主要有 3 种理论模式：

生命全程发展理论认为（Baltes，1987），人的发展包括生理的、认知的和社会的发展，且贯穿人的一生。这种发展既包括正向的，如身高、体重、知识、经验的增长，也包括负向的，如伴随着人的衰老，各种生理机能的退化等。在人的发展过程中，背景因素对人的发展的影响尤其应该得到关注，主要包括 3 个方面：第一是与人的发展年龄阶段相伴的身体的生长变化等生理因素，以及入学、退休等正常的社会生活事件的影响；第二是社会历史事件对生活在该阶段的一代人的发展的影响；第三是特定个体经历的非正常生活事件对其发展的影响，如儿童父亲或母亲的亡故、火灾等。

埃里克森（Erikson）的心理社会发展（psychosocial development）理论认为，自我的发展是个体在与环境的互动中进行的。由于有机体的生理自然发展的需要必然要受到社会规范、社会期望的约束，所以，在自我发展的不同阶段都会出现一个比较突出的适应问题，这个问题就是自我的发展危机。个体迫于发展危机的压力，必须按照社会的要求调适自我以化解危机，从而使自我获得进一步的成长。埃里克森按照不同性质的发展危机，将人的生命全程划分为 8 个阶段，每一个阶段都有一对处于积极和消极两极的矛盾来代表这一危机。大多数人化解危机的程度不同，所以其发展状态总是处于两极之间，比较倾向于积极一端的发展，是顺利的发展，危机得到化解；比较倾向于消极一端的发展，说明个体遇到了发展障碍，危机没有被化解。没有化解的危机会对个体今后的发展产生不良的影响。

Bronfenbrenner（1977）关于人的发展生态学理论认为，人的发展是一个成长着的人类有机体在其生命全程发展过程中与其赖以生存的变化着的周围环境不断互相适应的过程。这一过程受到了有机体周围环境和环境之间及有机体周围环境所依托的社会大背景的正式和非正式的影响。Bronfenbrenner 将社会生态环境看成有 4 个层次的柱状同心圆系统。最里面的同心圆，即最靠近有机体个体的层次是微系统（microsystem），向外依次为中系统（mesosystem）、外系统（exosystem）、大系统（macrosystem）。微系统指诸如家庭、学校这些与人最直接相关的环境，这一系统对人产生最为直接的影响。中系统是指如个体与学校、与家庭、与朋友群体的关系之间的相互关联。外系统是指社会结构中直接影响前一系统的部分。大系统是影响前 3 个系统的诸如教育、经济和政治系统的更大的文化模式。与每一个同心圆都相通的圆柱是时间系统（chronosystem），每一个同心圆系统的内容都将随着时间的推移而变化。由此，对处于学校教育情境中个体的发展，Bronfenbrenner 强调要对教育环境中的 2 组关系进行研究：一组是学习者的特点与他们生活环境之间的关系，另一组是各种环境之间的关系。

教师的专业发展是人的整体发展的一部分，人的发展理论是研究教师专业发展的理论基础与支撑。而且“人只有在担负着传统的、他自己同类的群体中成长，才能完全成为一个人，他的文化方面只有以这种方式才能发展起来”（米切尔·兰德曼，1988）。“当在实践的视野中看教师的时候，教师就是整体的人，不能割断其历史与未来，也不能把教师肢解为知识的、情感的、技能的教师”（Connelly et al.，1988）。对教师专业发展路径的探索就是为了帮助大学英语教师作为完整的人努力实现其生命、心理及职业等全方位发展目标的方式与手段，是大学英语教学有效推行与实施的保障，因而，人的发展的 3 个维度的理论对本研究的深入开展具有指导性的作用。

（三）建构主义理论

20 世纪 80 年代后期，建构主义逐渐成为众多西方国家教师教育改革与研究中不可或缺的理论基础。研究者认为建构主义“为人们重新思考教师教育提供了一个全新的视角。与传统的教育方案相比，以建构主义为指导的教师教育对教师学习者的影响更为显著”（Abdal-Haqq，1999）。

建构主义学习理论认为，学习是一个意义建构的积极过程，事物信息要被人理解，这依赖于个体原有的知识经验，学习者通过新旧经验的相互作用来形成、丰富和调整自己的经验结构。它还强调，学习者可以利用自己现有的知识经验积极建构新的知识，学习是一个学习者依据原有的经验，以自己的方式主动建构心理表征的过程。“情境”“协作”“会话”“意义建构”是学习环境的构成要素。

社会建构主义认为，个人经验和社会交往在学习者构建新知识的过程中起到了关键性的作用。作为社会建构主义的代表，Vygotsky（1978）认为，建构具有社会的本源性，学习者是通过与他人互动进行学习的，个人的系统是社会互动的结果，不能与社会生活分开。一方面，当学习者需要帮助的时候，他人能够提供有效的支持以使学习者形成更丰富、更复杂的认知结构。另一方面，与他人的互动使个人不断产生最近发展区，为学习者的发展提供更多可能。Vygotsky 的最近发展区理论还指出，有效的学习要建立在学习者自身知识结构和经验的基础上，在学习者与学力较强的学友和师长之间的交流之中，通过所搭建的“脚手架”不断延伸和丰富自己对事物的认识，攀登新的知识高峰。

从总体来看，建构主义强调：（1）学习是学习者主动建构知识的意义，生成自己的经验、解释、假设。知识的建构性本质，决定了知识不可能通过简单的符号传递进入学习者的经验系统。因此，作为知识习得活动的学习，是学习者将已有的经验进行综合、重组甚至改造，以形成对新信息的解释的主动建构的活动，即学习不是简单地记忆、复制，而是理解。理解性学习发生的必要前提是“人”和“经验”，即具有主动建构能力的人，以及人与自我和外部世界相互作用中得来的经验。（2）学习实质上是经验系统的变化。经验是与知识和情境相关的，因此建构主义的学习理论特别强调学习的情境性，情境是意义建构的基本条件。（3）学习不仅是个体的建构过程，更是社会的建构过程，协商、对话是意义建构的重要途径（李利，2012）。

对大学英语教师来说，“学习与专业发展也是在其与周围环境积极的相互作用中通过各种实践活动实现的，是基于教学、不断在问题中重构自身经验的过程”（Schoonmaker，2002）。此外，根据社会建构主义“最近发展区”的概念，“学习者得到比其现有知识与技能水平高的成人或同伴的帮助是其进入潜在发展区的最好的学习方法”（Williams et al.，2000），因此强调教师发展过程中搭建“脚手架”的重要性。本研究就是希望通过对教师专业发展路径的探索与发现，为大学英语教师的发展搭建支架，并努力促成教师与教师教育者、教师与同伴、教师与学生之间的对话与协作，让教师在已有经验与知识的基础上，借助支架的力量，对教学实践进行反思与总结，从而进入“潜在发展区”，提升自身对教学的理解与认识，实现理念更新与行为优化，进入专业发展的新阶段。

（四）实践—反思取向的教师发展理论

基于对教师专业发展本质的不同认识，教师专业发展理论可分为 3 种不同取向：理智取向、实践—反思取向和生态取向（教育部师范教育司，2003）。

理智取向的教师专业发展观的基本观点是，知识基础对于教学专业非常重要。知识的获得与行为的变化是教师专业发展的重点。正规的培训方式，职前的或在职的，又或向专家学者学习某一学科的学科知识和教学知识是这一取向教师专业发展的主要途径。这种“自上而下”的知识传授与获得方式虽颇受质疑，但在我国仍被广泛使用。

实践—反思取向的教师专业发展观的基本观点是，教师不再是被动地接受学科与教学知识，而是主动将教学理论与相关知识应用于教学实践的同时，形成自己内隐的“行动中的知识”，这种知识更利于教师改良自身的教学。这一取向的教师专业发展主要依赖于教师个人或合作的探究与发现，强调“实践”本身所包含的丰富内涵，关注“教师实际知道些什么”，借由反思深入理解并发现其中的“意义”，并在此基础上形成教师的专业发展设想，实现教学行为的改变（王宪平，2006）。教学日志、教学文件夹、观察记录等都是教师可用来反思的材料。这种“自下而上”的实践—反思取向的教师专业发展观，近些年深受专家、学者及一线教师关注，让教师的“自助”成长成为可能。

生态取向的教师专业发展观的核心内容是构建教师合作文化。这一取向的教师发展其专业知识与技能不全是依靠自己，也同样看重向他人（如校外专家或其同事）学习；教师教学策略与风格的形成与改进，更大程度上依赖于“教学文化”或“教师文化”，也正是这种文化为教师的工作提供了意义、支持和认同。“文化”“社群”“合作”“背景”是这一取向的典型特征。

三种取向的教师发展观都为教师专业发展的研究提供了理论基础与借鉴。本研究认为，大学英语教师除了要依据理智取向的教师专业发展观的要求，具备扎实的学科与教学知识外，还需要关注教学实践因素对教师专业发展路径选择所产生的重大影响，也需要注重反思这一有效的教师专业成长路径，对自身的教学实践进行不断的探索、思考与总结，并加强对教学实践的认识，以形成能提升教学同时又促进自身发展的实践性理论，再以这一实践性理论来指导自己的教学实践，最终形成实践—反思—实践性理论—再实践—再反思—实践性理论不断被优化的良性循环体系，达到不断提升自身专业能力的目的。此外，教师还要借助他人或群体的力量，不断完善自身的知识结构，调整、改进教学策略与教学风格，以实现教师的“自我更新”。

（五）教师专业发展阶段论

20世纪50年代中期，Fuller（1969）意外发现在教师教育的职前阶段，教师的关注内容表现出明显的阶段性，这一发现使得教师发展的阶段理论逐渐成为一个新的研究领域。教师专业发展阶段论不仅使得教师教育课程的设计与开发具有针对性，还有利于处于不同发展阶段的教师选择个人的专业发展目标与发展道路。有关教师专业发展阶段的研究，大致可以分为以下几类：职业/生命周期阶段论（Newman et al.，1980；Fessler，1985；Huberman，1993）；心理发展阶段论（Leithwood，1992）；教师社会化发展阶段论（Lacey，1995；王秋绒，1991；傅道春，1995；殷国芳等，1992；张向东，1995）；"关注"研究阶段论（Fuller，1969；Fuller et al.，1975）；综合研究阶段论（Leithwood，1992；Bell et al.，1996）；"自我更新"取向阶段论（叶澜 等，2001）。本研究以心理发展阶段论与"自我更新"取向阶段论为理论基础。

心理发展阶段论把教师作为一个成年学习者来看待，其分析建立在皮亚杰（Piaget）的认知发展（cognitive development）理论、亨特（Hunt）的概念发展（conceptual development）理论、佩里（Perry）的认识和伦理发展（epistemological and ethical development）理论、柯尔伯格（Kohlberg）的道德判断（moral decisionmaking）理论、洛文杰（Loevinger）的自我发展（ego development）理论的基础上。这类研究假设人的发展是心理结构改变的结果，人的内部心理过程随着年龄和发展阶段的不同而有所变化，这一变化过程有一定的顺序和层级。表3-1是几种代表性的心理发展阶段划分：

表3-1　几种心理发展阶段的划分

（转引自 Sprinthall et al.，1983）

学者	皮亚杰（1963）	亨特（1971）	佩里（1970）	柯尔伯格（1963）	洛文杰（1966）
领域	认知	概念	认识论、伦理	价值/道德	自我
阶段	感知—运动	非社会化冲动		服从—惩罚（1）	前社会冲动
	前运算	具体教条		朴素利己主义（2）	自我保护
	具体运算	依附抽象	二元论者	社会确认（3）	墨守成规
	形式运算阶段1		相对论者	维护权威（4）	尽责
	形式运算阶段2	自我引导抽象	约定相对论者	（原则推理5和6）	自治

Leithwood（1992）综合自我发展、道德发展及概念等的发展阶段论，从多维角度描述了教师专业发展阶段。他把教师专业发展划分为4个阶段。第一阶段的教师的世界观非常简单，坚持原则，相信权威，他们的课堂以教师为主导；第二阶段的教师主要表现为墨守成规，他们的课堂是传统的、规则十分明确的课堂；第三阶段的教师尽心尽职，有了较强的自我意识，能够意识到某些教学情境下的多种可能性，内化并能灵活掌握规则，精心设计课堂，且特别注重良好的人际关系；第四阶段的教师较有主见，尊重课堂，能够多角度并综合分析遇到的课堂情境，理解课堂规则的原理，课堂上师生合作密切，强调有意义学习、创造性、灵活性。相关研究证实，“教师的心理发展水平与其专业表现之间的确存在联系，心理发展水平不同，专业行为表现也有所差异，而且如果有意识地提高心理发展水平，其专业行为表现也会有所改进”（叶澜 等，2001）。

“自我更新”取向的教师专业发展，是指“教师具有较强的自我专业发展意识和动力，自觉承担专业发展的主要责任，激励自我更新，通过自我反思、自我专业结构剖析、自我专业发展设计与计划拟定、自我发展计划实施和自我发展方向调控等实现自我专业发展和自我更新的目的”（叶澜 等，2001）。“自我更新”取向的阶段论将教师发展分为5个阶段：第一阶段是“非关注”阶段，即正式进入教师教育之前的阶段；第二阶段是“虚拟关注”阶段，即师范学习阶段；第三阶段是“生存关注”阶段，即初任教师阶段，是教师专业发展的一个关键期；第四阶段是“任务关注”阶段，即教师专业结构诸方面稳定、持续发展的时期；第五阶段“自我更新阶段”，即教师的专业发展动力转移到了专业发展自身，直接以专业发展为指向，有意识地自我规划，以谋求最大程度的自我发展，并成为一种专业生活方式。

吴一安等（2007）对外语教师的调查显示，外语教师的专业发展具有阶段性：存活阶段（第1—2年）、巩固阶段（第3—4年）和提高发展阶段（第4—5年），约需5年打下持续发展的基础。这一研究结果基本与叶澜等（2001）提出的教师发展阶段说相一致。

本研究以大学英语教师为研究对象，探寻处于不同发展阶段的教师在相关因素的作用下对不同发展路径的选择问题，既要考虑教师心理发展因素，又要考虑教师对专业结构改进的发展诉求，才能为处于不同发展阶段的教师提供针对性更强、可行性更高的意见与建议，进而帮助其实现不同发展时期的阶段性目标。

二、相关概念界定

（一）大学英语教师专业发展路径的界定

“路径”一词从词典释义来看是指“通向某个目标的道路”。从教师专业发展的视角来看，有教师主导与控制的路径与非教师主导与控制的路径。教师主导与控制的路径又称内控路径，主要是教师根据个体自身的专业发展需求，尽量摆脱外部力量的控制，主动实施与把握促进专业发展活动的目标、内容、过程与结果。非教师主导与控制的路径又称外控路径，主要是指教师教育机构与教育者根据理论研究结果自行设计的以提高教师的专业素养为目标的各级各类讲座或培训活动，但这一类活动无法兼顾教师的不同需求与个体特点，对教师的输入通常是“填鸭式”“满堂灌”，很难实现教师教育的初衷。鉴于以上原因，有研究者（Bailey et al.，2009）专门介绍并推荐了以教师自身为资源的内控路径，如反思性教学、教学日志、同伴观摩等。但事实上，我们不能将内控路径与外控路径置于彼此的对立面，外控路径为内控路径提供了理论的支撑，内控路径为外控路径的有效实施提供了基础。一方面，“从理论上来说，自我更新和师资培养培训两者内外互补，都能够帮助教师完成教学能力的发展，但事实上，教师的职业特点决定了他们难以在不借助外力的情况下实现当今西方学者津津乐道的‘自我更新’”（俞海燕　等，2004）。另一方面，“教师自觉的自我发展，诸如自学与自我反省，是教师发展中的一个极为重要的组成部分，而这些不应被笼统地归入在职教师教育这一范围”（范良火，2003）。可见，两者结合与互补才有利于实现教师的专业发展。

从教师专业发展取向来看，外控路径基于理智取向，而内控路径基于实践—反思取向。本研究中教师专业发展路径是指促进教师专业成长、实现教师专业发展的方式、方法，在外控路径上主要是指各级各类在职培训与讲座等，在内控路径上主要是指教师的交流、反思等。回顾教师的成长历程，虽然其专业发展水平参差不齐，可获得的外控路径却大体一致，内控路径也有相同之处，但由于教师在专业成长过程中对路径的侧重不同、反思深度不一，最终体现为专业发展结果上的差异。

（二）大学英语教师专业发展路径选择影响因素及其界定

1. 与影响因素相关的因素

在对大学英语教师专业发展路径选择的影响因素进行确定与界定之前，我们有必要先了解教师专业发展的成因。Clarke 和 Hollingsworth（2002）在对教师专业发展成因的研究中首先归纳了 6 类不同专业发展路径导致教师改变的情况：（1）教师通过培训产生的改变；（2）教师通过调整自己教学产生的改变；（3）教师为提高教学能力或学习其他技能自我寻求的改变；（4）教师为提升自我，基于当地改革而产生的改变；（5）教师为适应政策调整而产生的改变；（6）教师通过在专业活动中得到成长或学习而产生的改变。该研究证明在职教师可以通过培训及非正式学习获得专业发展，环境改革、政策调整都会对教师学习产生影响。该研究还发现，教师改变不是单向线性的，而是一个多重和循环的作用过程，循环方向并不固定且常发生改变，如教师有时会暂缓考虑教学效果，而在改进教学技能的过程中改变自己的信念。基于以上研究结果，Clarke 和 Hollingsworth（2002）提出了教师专业发展成因关联模式，如图 3-1 所示：

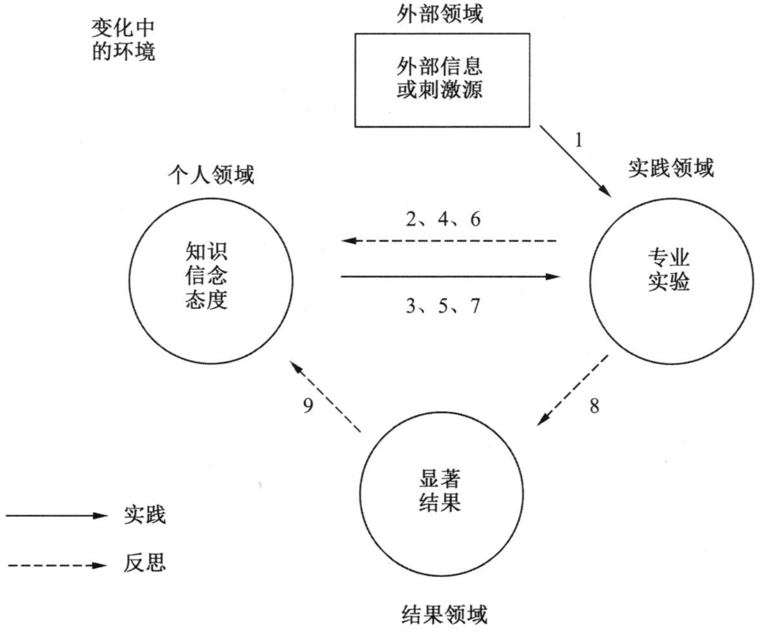

图 3-1　教师专业发展成因关联模式（Clarke et al.，2002）

该模式认为，反思和实践是变化中的环境的媒介，对教师个人世界的外部领域、实践领域、结果领域和个人领域产生影响，并最终导致教师的改变，促成教师专业发展。首先，变化中的环境由外部领域形成外部信息或某种刺激源，通过实践对教师的实践领域产生影响，促使教师进行教学实验等活动；这些实验活动情况通过反思导致教师个人领域的知识、信念和态度产生改变，再通过实践反作用于教学实验活动，通过实践和反思，教师的实践领域和个人领域不断互动，促成教师教学和认知的改变，并通过对教学实验所获得的显著结果进行再反思，从而再度影响到教师个人领域的知识、信念和态度等，使其不断产生改变，促成教师的专业发展。

在 Clarke 和 Hollingsworth 研究的基础上，顾佩娅（2009）对我国优秀中小学外语教师的认知与专业成长过程进行了探究，分析了我国社会环境与教师知识、信念及实践之间的关系，提出了中国教师学习与发展情境模式，如图 3-2 所示：

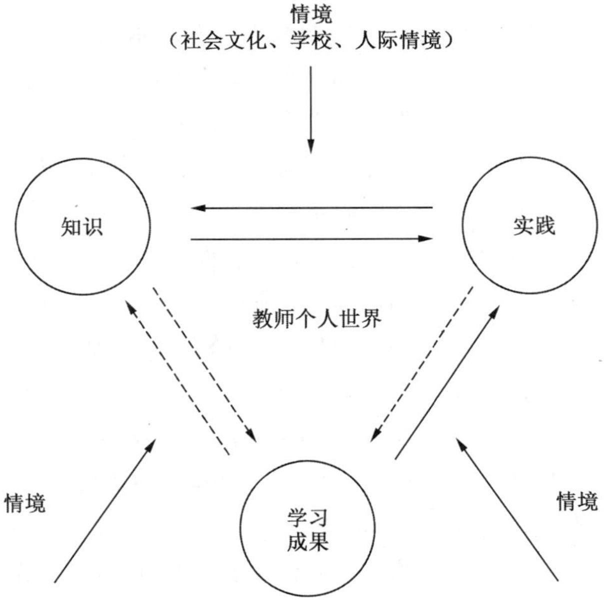

图 3-2　中国教师学习与发展情境模式（顾佩娅，2009）

该模式认为，中国教师的学习与发展受外界情境因素的影响较大，情境因素较为多样，可归纳为社会文化因素、学校因素和人际因素，它们对教师的学习和成长既有推动作用，也可能产生束缚作用。该研究还发现，在我国国情下，情境对教师发展的影响比教师知识和教师实践更大，因为情境不仅控制了教师的行为，对教师认知也有很大影响。因此，该研究认为在我国国情下的有效教师学习和专业发展应注意以下两点：（1）基于学生学习需求和教师发展需求；（2）与情境互动并协调教学实践。Clarke 和 Hollingsworth 提出的教师专业发展成因关联模型与顾佩娅提出的中国教师学习与发展情境模式，对本研究中影响因素的确定起到了较为重要的启示作用。

另一个与教师成长的路径选择影响因素相关的概念就是“教师学习”。在总结其他相关研究者（Kennedy，1991；Freeman，1996；Richards，1998；Evans，2002；Kelly，2006）对教师学习的研究的基础上，杨骞（2007）论述了未来教师学习研究的侧重点，认为在职教师的学习内容、领域、途径、方法、过程和效果，以及教师在学习中的主动性和学习意识应得到研究者重视；朱旭东（2011）认为，作为教师专业发展的手段和途径，教师学习既包括教师在主动或被动参与的教师培训或教师教育过程中进行的学习，也包括教师为解决问题或提升专业水平而主动进行的理论、知识和技能的自我更新。可见，如果教师对专业成长路径进行合理选择的最终目的是实现个人的专业发展，那么教师的成长过程又是随着教师在不同阶段或不同情境中学习目标的达成而实现的，因此了解教师学习的相关影响因素对本研究中影响因素的确定至关重要。

在对教师学习进行研究的过程中，有研究者（Clarke et al.，1993）发现，反思与实践的相互作用过程对教师的个人情况、教学实践、教学效果、外部环境等方面均会产生影响，并最终促成教师的发展与改变。可见，教学实践情境是教师学习的重要影响因素。还有研究者（Singh et al.，2006；Pardo，2006；Printy，2008；Sargent et al.，2009；Henze et al.，2009；Brownell et al.，2014；López-Íñiguez et al.，2014）在对教师学习相关影响因素进行探索时发现教学管理、学习资源、单位支持、教学改革等环境因素，以及教师个人主动性、效能感、个人素质等个人因素对教师的合作学习及自我导向学习均存在关键影响，教学情境对教师认知也存在一定影响作用。徐忆（2014）总结了众多研究者（Retallick，1994；Kwakman，2003；Munthe，2003；Hodkinson et al.，2003、2004、2005；野晓航 等，2007；Harrison et al.，2008；Krauss et al.，2008；王广新，2008；余渭深 等，

2009；张香竹，2009；Jurasaite-Harbison et al.，2010；Lee et al.，2011；Lefstein et al.，2011；Takahashi，2011；Tschannen-Moran et al.，2011；Parker et al.，2012；Delvaux et al.，2013；Vries et al.，2013；Kim et al.，2013；Rienties et al.，2013；Ramberg，2014）对教师学习相关影响因素的研究发现，教师学习受到了诸多因素的影响，且不同因素之间大多存在着一定的相互作用的关系，从而对教师学习也产生了较为复杂的影响。通过对相关因素的归纳、梳理，徐忆将所有影响因素分为 3 类，即社会环境因素、教学环境因素与个人因素。需要借助个人因素与教学环境因素产生作用的社会因素包括社会发展、文化特征、经济环境和国家政策等；对教师学习作用较为明显的教学环境因素包括学校文化、教学管理、学校性质和学习资源等；对教师学习作用较大的个人因素包括效能感、教学信念、身份认同、工作满意度、个人教学情况、人际沟通、学科教学知识水平等。图 3-3 是徐忆依据不同因素对教师学习产生作用的影响程度，利用远近距离的不同所做的示意图：

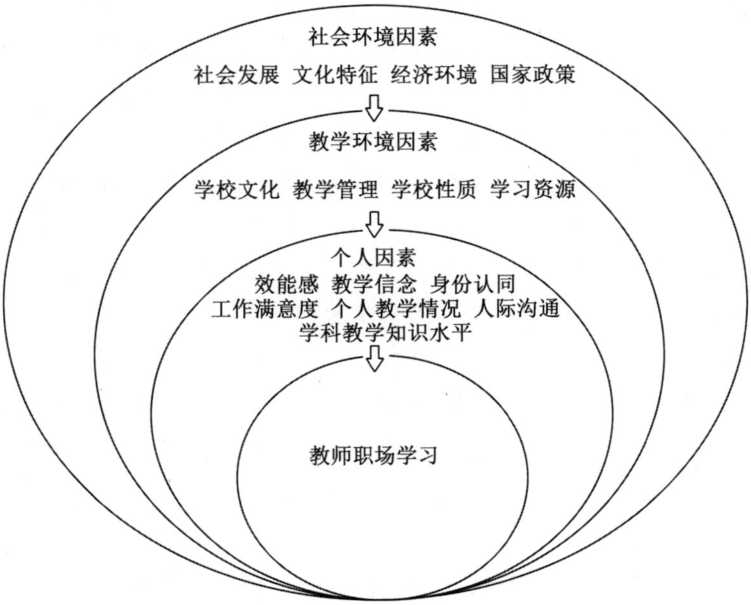

图 3-3　已有研究发现的教师职场学习影响因素（徐忆，2014）

通过对教师专业发展成因的了解和对教师学习相关影响因素的回顾、归纳、总结，本研究将大学英语教师专业发展路径的影响因素确定为个人因素、教学实践情境因素与环境因素。

2. 影响因素的界定

在本研究中，个人因素是指和个人相关的、具有个体个性特征的所有相关因素，既包含了徐忆（2014）所总结的效能感、身份认同、工作满意度等，也包括工作与家庭的关系处理、个人兴趣、价值观、教育经历、重要他人影响等。本研究着重探究教师普遍面对、不可回避且亟需想办法解决的工作—家庭冲突，以及人人都受到的重要他人影响的个人因素。

教学实践情境因素主要由教师、学生、教学过程与课堂微环境构成，关注教学过程中的突出事件，强调教学实践与反思互动，并形成教师的实践性知识。教师在教学过程中不断主动地获取教学实践中相关因素的变化信息，关注教学实践活动的效果，及时对教学活动及课堂上与学生的互动做出回顾与反馈，并在此基础上通过反思对自身已有的知识和经验加以发展与完善。在教学过程中，教师与学生之间也是互动的，学生通过对其学习过程的回顾与思考，调整学习策略，提升学习效果，促进教师教学方法的改变；教师通过对教学过程的反思，调整教学方法与策略，更好地解决学生如何学的问题。此外，教师还借由对教学实践情境中各要素的反思，通过相关理论知识的学习以解决教学中困惑的经验，形成教师的实践性知识。实践性知识是一种有关行动的知识，在本质上是一种“深思熟虑”的、“权衡性”的知识。其“深思熟虑”与“权衡性”的特点，表明它形成于行动与反思之中，也体现了教学实践情境复杂多变的特征。

环境是指人生活于其中并影响人的一切外部条件的综合（田慧生，1996）。环境分为宏观、中观和微观 3 个层次。社会环境是宏观环境，不仅包括社会人群的人生观、价值观等，也包括教育政策、教学改革与发展趋势等；学校是中观环境，也被称为组织文化环境，它与社会环境一样是一个较为开放的系统，学校特定环境中人的相互影响与作用，形成了学校的氛围，学校氛围又对学校成员的价值观念、信念、道德规范、态度和行为等产生着潜移默化的影响。心理环境课堂是微观环境，学生是这一环境中对教师产生最大影响的因素。有研究发现学校类型对教师学习存在决定性作用，不同类型学校由于具体教学工作情境的差异，对教师学习的内容和途径存在影响（Munthe，2003）。本研究主要探讨了与教师密切相关的教学改革、为教师提供培训的各级各类教师教育机构和教师工作，以及教师生活的主要场所——学校。

三、本研究的概念框架

本研究以 Clarke 和 Hollingsworth（2002）与顾佩娅（2009）对教师专业发展成因的研究发现，以及徐忆（2014）对教师学习相关影响因素的总结为基础，认为大学英语教师专业发展路径的选择主要受个人因素，包括工作—家庭冲突、重要他人影响、身份认同、工作满意度等因素的影响；又借由教师在教学实践情境中的教学实践与反思互动，以及教学中利用理论知识解决困惑的经验所形成的实践性知识，并对其进行不断的优化选择，来实现教师知识、技能和认知的发展，再由教学或研究活动来提升课堂教学效果，从而形成良性互动的循环系统；而教师所处的社会环境与组织环境则直接或借助于其他因素间接地作用于大学英语教师对专业路径的选择。本研究借鉴之前的研究成果对各因素的影响程度进行假设，并利用图中远近距离的不同呈现出大学英语教师专业发展路径的概念框架，如图 3-4 所示：

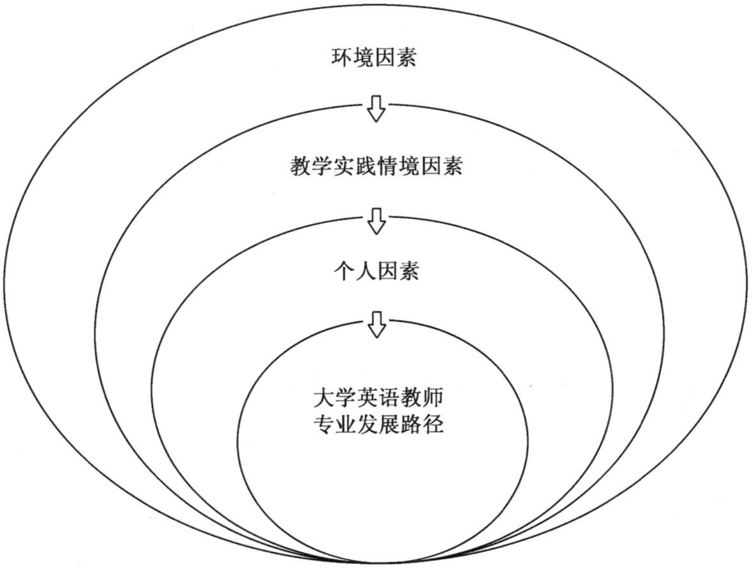

图 3-4　大学英语教师专业发展路径概念框架

本章小结

本章概述了本研究的理论基础，界定了大学英语教师专业发展路径及其影响因素。为了更合理地确定及界定大学英语教师专业发展路径的影响因素，本研究回顾并整理了与其密切相关的教师专业发展成因与教师学习的相关影响因素，通过对相关研究的归纳，将本研究中的影响因素确定为个人因素、教学实践情境因素与环境因素，并以此为基础建立了本研究的概念框架。

第四章　研究设计

一、研究目的与对象

（一）研究目的

之前有关大学英语教师专业发展的调查，多以大学英语教师专业发展现状与需求为主，强调教师专业发展的重要性及相关研究所具有的广阔前景，指出教师应该培养终身学习的理念，通过不断学习来提升自我（夏纪梅，2002；刘润清　等，2003；周燕，2005；王海啸，2009；文秋芳　等，2010；蒋玉梅，2011）。但教师的专业发展带有明显的个人特征，它不是一个把现成的教育知识或教育理论学会之后用于教育学实践的简单过程，而是蕴含了教师将一般理论个性化，即将其与个人的情感、知识、观念、价值、应用场景相融合的过程，能够做到这一点的只有教师自己（白益民，2002）。本次调查是想通过问卷与访谈相结合的研究方式，在了解目前大学英语教师专业发展现状的基础上，探究大学英语教师专业发展路径有哪些、可获得的专业发展路径有哪些、被选择的专业发展路径有哪些、大学英语教师专业发展路径的影响因素有哪些、它们是如何对教师专业发展产生影响的、这些因素在对教师专业发展的过程中所产生的作用有没有主次之分等问题。

一方面，笔者希望通过此次研究，探求自己作为大学英语教师处于不同专业发展阶段时选择专业发展路径的倾向，加深自己对教师教育、教师专业发展及语言教育本质的认识，在有目的地学习理论知识的同时，借助实践中的反思与本土化的检验，提炼出行之有效的实践性理论。另一方面，本研究希望通过了解专业发展路径选择过程中的影响因素及其作用情况，可以帮助教师充分利用有利因素，有意识地规避不利因素，在专业成长过程中少走弯路，尽快实现专业发展目标。

（二）研究对象

在本研究中，笔者对研究对象承诺了自愿、保密与互惠的原则，并在征得其同意后才对研究数据进行收集与分析。笔者在研究中还关注了研究对象范围、研究对象人数、抽样策略（Seidman，2006；Dörnyei et al.，2010；郑新民 等，2014）3 个要素，以保证研究对象选择的恰当性，从而提高研究资料的信度与效度。

本次研究问卷调查依托于江苏省教育“十二五”规划项目“新时期大学英语教师专业发展路径研究”的研究课题，随机抽取了国内 22 所本科高校的 212 名教师进行问卷调查。

为了提高研究的有效性与一致性，本研究的访谈研究对象与问卷调查研究对象均来自同一研究总体。考虑到大学英语教师群体中的差异性，本研究在具体研究对象的确定上采取了最大差异性抽样原则，尽量考虑了研究对象的年龄、学历、职称及所处的不同职业生涯发展阶段。3 位访谈研究对象的年龄段分别是“80 后”“70 后”“60 后”，职称分别为讲师、副教授、教授。为了更好地供大学英语教师借鉴，研究对象的学历分别是博士备考、博士在读和博士，均为专业发展状况较好的老师，也是通常被定义为“优秀”的教师。

二、研究内容与方法

（一）研究内容

本研究的问卷调查内容主要涉及大学英语教师专业发展路径的以下几个方面：教师对职业的认同；教师的教学、科研状况；影响教师专业发展的因素；教师的专业发展路径与机会；教师对教师专业发展的政策建议。

本研究的访谈调查主要探究了处于不同专业发展阶段且专业发展状况较好的教师在个人因素、教学实践情境因素与环境因素的影响下是如何选择专业发展路径的。

（二）研究方法

研究目的与研究问题决定了本研究采用质性与量化研究相结合的混合研究方法（mixed research procedure）。质性研究是通过田野调查，在自然情境中通过多种资料收集手段对社会现象进行整体性探究，以研究者本人为基本研究工具，通过与研究对象的互动，建构对其行为及意义的解释性理解，使用归纳法分析资料、形成理论的一种研究活动。量化研究则是一种通过分析变量关系来检验客观理论的研究方法。量化研究利用恰当的数据收集手段，将研究对象的特征按某种量化标准测定特征数值，或调查某些因素间的量的变化规律，随后利用统计学方法来处理数据，并采用演绎法来分析、考验、解释研究结果（Merriam，1998；陈向明，2001；Creswell，2009）。Rossman 和 Wilson（1994）认为采用混合研究方法具有以下优势：第一，通过三角验证，两种数据可以彼此巩固对方的论证；第二，可供细究或推动数据的分析，获得更丰富的细节；第三，两种数据间出现的差异与矛盾若能为研究者所注意，有助于开创新的思考路线，改变想法，产生新的认识。

文秋芳和韩少杰（2011）认为质性和量化研究方法各有所长。质性研究一般以文字形式呈现原始数据，研究设计比较宏观、灵活，数据收集过程可根据具体情况加以调整，研究环境真实自然；而量化研究一般以数字形式呈现原始数据，研究设计比较周详、缜密，数据收集过程中一般不能轻易改变原始设计。不同的研究方法适合回答不同的问题，因此研究者应首先确定研究问题，再根据问题选择恰当的研究方法。他们还总结了质性、量化、混合等不同类型研究中研究问题的主要特点，如表 4-1 所示：

表 4-1 不同类型研究中研究问题的主要特点

（文秋芳 等，2011）

研究方法	常见研究策略	研究问题的要点
质性研究方法	行动研究	解决教学实践中出现的问题
	个案研究	描述少数个体呈现的某些特征并解释其原因
量化研究方法	问题调查	描述群体中带有趋势性的特征或几个因素之间的关系
	实验研究	验证两种因素之间的因果关系
混合方法	量化+质性	从描述总趋势到解决具体问题；从验证因素之间的关系到解决具体难题
	质性+量化	从解决具体难题到验证两种因素之间的关系；从描述个体特征到描述群体特征的趋势

本研究的研究问题与研究对象决定了以质化研究方法为主，辅之以量化研究方法的混合研究方法，寻求质性材料与量化数据的相互融合、相互支持，或将使得研究结果更真实、更全面，从而更具有借鉴性、创新性。

1. 量的研究方法

本研究采用了调查法。调查法是社会科学研究最基本的方法，也是外语教师教育研究中常用的方法，其目的是收集信息并做出推理，以概率理论为基础把信息和推理从样本推广、延展到总体（Cohen et al.，2003）。在具体的工具选择上，本研究采用了调查法中最常用的调查工具——问卷。

Fowler（1995）指出在设计问卷时应该注意5个方面的问题：界定问题目标，说明需要的答案类型；确保调查者和受访者对问题的关键术语有相同的理解；确保受访者有相关知识和能力提供问题答案；确认调查者和受访者对问题内术语的理解是否存在偏差；询问受访者愿意回答的问题。陈坚林（2004）认为问卷设计应包含以下4个步骤：确定研究主题；分析与主题相关的变量；转换变量为可操作概念；分析变量的可操作概念与研究主题的逻辑关系，再设计问题。在本研究中，问卷调查关注了内容的相关性、设计的逻辑性与编写的条理性，通过对变量的分析确定研究维度，并通过几轮对问卷的预调查征询调查对象的意见，不断修订完善问卷，使其最终成为信度、效度均可的合格的调查工具。

问卷调查的目的是了解大学英语教师专业发展路径选择的现状。此外，问卷调查还可以帮助研究者快速了解调查样本所存在的问题，进一步明确各变量之间的关系，同时为访谈等质性研究的设计与深入开展提供真实有效的反馈信息，进一步提升整个研究的信度和效度。

2. 质的研究方法

20世纪70年代中期以后，社会科学已经从传统的实证主义逐渐向更具解释性的研究方法过渡。“意义”成为研究者关注的重心（Bruner，1986）。Strauss和Corbin（1998）认为，质的研究适合探究复杂的细节，如难以通过传统研究方法获得的情感等内心活动。Ellis（1990）指出“由于语言教学与语言学习之间的非线性关系，实验研究结果与语言教学实践之间的关系也是复杂而非直接性的，量化研究很难获得研究者所期待的答案”。邹为诚（2010）认为，这种研究“对于持续性的过程，如语言学习或教师教育与发展的研究，有其特殊的优越性”。本研究的对象是处于动态的社会与教学环境之中的大学英语教师，“是生命的成长，其本质是人文的、社会性的，追求真实性和对所观察现象与话语的理解”（吴一安，2008）。因而本研究以质的研究方法为主，以量的研究数据为辅助支撑。本研究除用文献法对相关文献进行梳理、归纳、分析与整合外，还采用了叙事探究与案例研究的方法。

（1）叙事探究

叙事探究起源于20世纪80年代的北美，它以杜威的实用主义思想为理论基础。实用主义继承了经验主义的传统，充分强调经验对于认识和人生的意义。杜威进一步扩大了经验的范围，认为经验“不仅包括人们做些什么和遭遇些什么，他们追求些什么，爱些什么，相信些什么，而且包括人们是怎样活动和怎样受到反响的，他们怎样操作和遭遇，他们怎样渴望和享受，以及他们观看、信仰和想象的方式——简言之，能经验的过程”（杜威，1990）。而“叙事是呈现经验和理解经验最好的方式……叙事探究就是学习叙事地思考、叙事地关注生活”（Clandinin et al.，2000）。吴宗杰（2003）还将叙事理解为“大言”，它透明、接近生活，而论证是一种“小言”，虽然滔滔不绝、貌似宏大，事实上却空洞无物。

叙事探究的一个出发点是“研究者自己的经验叙事，即研究者自传。这既包括研究者自己的生活经历、讲述过的事情、重述过的事情以及重新的体验，也包括在研究现场中探究者体验故事，讲述所经历的故事，并在重新讲述和重新体验中修改这些故事”（Clandinin et al.，2000）。叙事探究是对教师或学习者真实的“生活世界”的研究，它聚焦于教师或学习者在日常生活、教学或学习实践等活动中已经历或正在经历的事。它“希望通过个体教师或学习者真实的教学或学习生活故事直接呈现他们教育生活的内在情节，而不以抽象的概念或符号压制教育生活的情节和情趣，不用过多外在的框架有意或无意地歪曲事实或滥用事实”（段晓明　等，2004）。“叙事不仅仅是记录与叙述故事，更在于一种不断反思自身教育生活与实践的专业精神，以及对教师和学生在日常教学情境中教与学的交往、追问过程”（丁钢，2008）。可见，它的目的是通过叙事的方式反映教师的知识及其潜在的理念，再借由反思来改变教师或学习者的生活。

叙事探究的研究文本是原始资料或现场资料，具体包括故事、自传、研究日志、口述史、家庭故事、现场记录、谈话、研究者写给参与者的信件、参与者的信件、家族故事及其他文献资料（Connelly et al.，1990）。

“这些方法本质上都是一种对话方式，与自我的或与他人的，对话的过程是反思、认同或扬弃，从而达到内心世界的改变过程，其深刻性、丰富性和对人的内心世界的震撼是数学表达式难以企及的”（陈向明，2000）。

（2）案例研究

案例研究曾被广泛应用于社会科学领域的研究，自 20 世纪 90 年代开始，这种研究方法也被用于教育与发展研究中（Richards et al.，1990；Calderhead et al.，1997；Tsui，2003；Zhang，2004）。Yin（1994）将案例研究定义为“一种在真实生活情景下对某种现象的实证研究”。这一定义中的“真实”“情景”“现象”“实证”意味着，案例可以帮助了解并理解教师在自然状态下不断变化的现实过程中所发生的行为、所产生的思想，以及他们的成长经历，有利于解决教师教育与发展研究者长期以来所面临的问题与困惑。Yin（1994）将案例研究分为 3 种类型，即探索性、描写性与解释性。Shulman（1992）指出，案例可以用来讲述“理论或概念；实践中的先例；道德或伦理；策略、部署及习惯；预见和想象”。案例还可以“激发学习动机；对案例作者和评论员具有特殊的作用；可以避免单凭书本及先前案例就得出过于一般化结论而存在的危险，并提供恰当的矫正方法；可以作为教育材料，参与者可以以这些材料为基础形成讨论社区”。Richards（1998）认为在语言教育中，“当前的这种文化中，（案例）很少源于教师，很少有教师说明他们是如何处理教学事件的”，他认为这些案例很有价值，因为它们“能够为我们提供来源于教师的丰富的信息，这些信息具有描述性、反思性”。

本研究以目的性抽样的原则为指导，以大学英语教师为个案研究对象，研究本身具备了探索性、描写性与解释性的特点，有利于探讨教师在其实践性知识的指导下对自身发展路径的取向问题，也为后续的理论研究与实践探索提供了一定的借鉴。

在具体的研究方法上，本研究采用访谈法。访谈法有利于了解“受访者的所思所想和情绪反应、他们生活中曾发生的事情、他们的行为所隐含的意义……具有更大的灵活性及对意义进行解释的空间”（陈向明，2001）。访谈的内容围绕教师接受培训的现状、在路径选择上的影响因素及日后的职业发展规划等。在具体操作中，辅之以观察法。本研究的研究者自身是大学英语教师，与受访对象之间交往密切，不仅了解了他们的工作与生活状况，还观察了他们日常工作中的言谈、举止及对教学事件的处理策略，为访谈发现提供了验证与假设的依据。因而研究的结果采用的是“相关检验法”，又称“三角检验法”。“在质的研究中，最典型的进行相关检验的方式是同时结合访谈与观察两种方法。观察可以使我们看到被研究者的行为，而访谈可以帮助我们了解他们行为的动机和意义”（陈向明，2001）。

三、研究数据的收集与分析

（一）研究数据的收集

本次研究中调查问卷经过 2 次预测与 4 次修改后定稿，共发放 212 份，回收 207 份，有效 202 份。笔者在问卷回收录入 SPSS19. 0 软件的过程中剔除了未完成的问卷与选唯一答案或规律性选择答案的问卷。

本次研究中对案例研究对象主要采取访谈的形式，以录音笔进行录音。访谈分 2 次进行，第一次研究对象较为拘谨，访谈内容选取了较为轻松的话题，如他们的工作、学习经历等。因在 2 次访谈期间，笔者与研究对象常利用 QQ、微信进行聊天，增加了彼此的亲近感与信任感，故第二次访谈进行得较为顺利，直接切入主题。访谈结束后，笔者对访谈内容进行了转写与整理，并将转写好的内容发至访谈对象邮箱，请他们确定内容与对话是否有偏误，是否为他们的真实经历，是否反映了他们真实的想法，保证了研究的伦理性，提高了研究的信度与效度。

（二）研究数据的分析

本次研究中问卷的第一部分采用常规的李克特五级量表，对该部分信度与效度的检测显示，该问卷具有较好的信度与效度。第二部分问卷形式从封闭型转向半开放型，以单项与多项选择为主。两部分均采用 SPSS19. 0 软件进行统计分析。

本研究在对个案研究访谈资料的分析中以扎根理论为指导。扎根理论认为，理论是通过自下而上对原始资料进行整理、分析和凝练这样一个归纳过程形成的；理论虽来自原始资料，但是又对下一轮的资料收集具有导向作用；理论的建构基于概念的形成，并扎根于原始资料中，所建构的理论应不断与原始资料协商进行相互论证（Creswell，2009）。本研究在理论建构的具体过程中采取了以下步骤：对资料进行初步描述、分析和整合；基于资料特征建立初步理论框架；按照初步理论框架对资料进行系统分析；在原始资料与理论框架的概念和命题之间不断协商；建立具有内在联系的理论体系（陈向明，2000）。

本研究将量化数据与质性资料结合分析，通过三角验证巩固彼此，拓展了资料分析的深度和广度，获得了更完整的研究细节，并尝试在两种资料结果出现分歧时转变思路，力求产生新的认识。

本章小结

本章论证了本研究根据研究的目的与问题采用量化与质化相结合的混合研究方法的科学性。在量化研究中本研究主要采用了常见的问卷调查工具，经过 2 次预测与 4 次修改后定稿，对 22 所本科高校的 212 名大学英语教师进行了调查，回收问卷 207 份，有效 202 份，利用 SPSS19.0 分析软件对问卷数据进行分析，以便从横向对大学英语教师专业发展现状和大学英语教师专业发展路径的选择及其影响因素进行了解。在质性研究中，本研究采用了目的性抽样的原则，对 3 名处于不同发展阶段且专业发展状况较好的教师进行了访谈，以便从纵向更为深入地探究这些教师在受某种因素制约或推动的过程中是选择何种专业发展路径来实现其专业成长的。

第五章　大学英语教师专业发展路径
——基于问卷结果的分析

一、问卷参与者情况

本研究中的“大学英语教师专业发展路径调查问卷”是用于调查大学英语教师这一群体的专业发展状况与专业发展路径及其影响因素问题的重要研究工具，且调查结果为个案研究访谈内容的确定奠定了基础。本次研究随机抽取了国内22所本科高校的212名教师进行问卷调查，回收问卷207份，其中有效问卷202份。为排版方便起见，本书已将SPSS中导出的相关数据图片转换为Word表格。本次受访教师的年龄情况如表5-1所示：

表5-1　受访教师年龄

	年龄（岁）	人次	百分比（%）	有效百分比（%）	累积百分比（%）
有效	≤30	9	4.5	4.5	4.5
	31～40	142	70.3	70.3	74.8
	41～50	39	19.3	19.3	94.1
	>50	12	5.9	5.9	
	合计	202	100.0	100.0	

本次受调查教师中30岁以下教师与31～40岁教师占74.8%，41～50岁教师占19.3%，50岁以上的教师不足6%。周燕（2005）针对全国高校英语教师发展需求的调查与研究中受访教师年龄的分布状况为：30岁以下的教师与31～40岁的教师占81.8%，41～50岁的教师占12.7%，50岁以上的教师占5.5%。本次研究样本年龄的分布比例与全国高校的情况大体一致。

本次受访教师的职称情况如表5-2所示：

表 5-2　受访教师职称

	职称	人次	百分比（%）	有效百分比（%）	累积百分比（%）
有效	助教	6	3.0	3.0	3.0
	讲师	141	69.8	69.8	72.8
	副教授	48	23.7	23.7	96.5
	教授	7	3.5	3.5	100.0
	合计	202	100.0	100.0	

本次受调查教师中 3% 为助教，69.8% 为讲师，23.7% 为副教授，3.5%为教授。教育部高等学校大学外语教学指导委员会于 2001、2008 和 2010 年对大学英语教师职称比例的调查如表 5-3 显示：

表 5-3　2001、2008、2010 三年大学英语教师职称比例

（转引自蒋玉梅，2011）

年度	助教（%）	讲师（%）	副教授（%）	教授（%）
2001	33.1	39.8	23.4	3.7
2008	24.46	50.11	22.34	3.09
2010	7.4	75.5	15.6	1.5

通过以上对比发现，本次受访教师的年龄与职称比例，与国内大范围、较具代表性的相关调查结果基本一致，因而调查的结果有一定的代表性。

二、问卷的信度与效度

在量化数据的搜集上，本研究采用问卷作为主要的调查工具。信度与效度是研究设计有效性的两个具体指标。研究的信度是指研究方法及所取得数据的可靠性或者真实性，因此信度一般可以从研究方法和数据资料两个方面进行分析；研究的效度指研究方法和结果对目标现象或事物进行测量的有效程度，可分为内在效度和外在效度（Creswell，2009）。

问卷是笔者在反复阅读相关文献的基础上设计而成，经过 2 次预测与

4 次修改后定稿。本问卷的第一部分采用常规的李克特量表的五级计分法对该部分的信度与效度进行检测，显示该问卷具有较好的信度与效度，如表 5-4、5-5 所示：

表 5-4　信度检测结果

可靠性统计量	
Cronbach's Alpha	项数
0. 846	28

C-Alpha = 0. 846>0. 8

表 5-5　效度检测结果

KMO 和 Bartlett 的检验		
取样足够度的 Kaiser-Meyer-Olkin 度量		0. 822
Bartlett 的球形度检验	近似卡方	2 466. 816
	df	378
	Sig.	0. 000

第二部分问卷形式从封闭型转向半开放型，以单项与多项选择为主。本研究采用 SPSS19. 0 对调查的数据进行了统计分析。

三、问卷项目各部分结果与分析

（一）大学英语教师对职业的认同

关于教师身份认同的文献多采用 Ball（1972）所提出的二分认同定义，即情境认同（situated identity）与实质认同（personal identity）。“情境认同”是指我们为适应不同的情境所表现出的不同的自我。“实质认同”是指人所表现出的更稳定的核心自我，是我们如何看待自我的基础。也有学者持其他观点，如 Kanno（2003）认为身份认同（即实质认同）就是关于“我是谁”和“我与世界是什么关系”的问题；Dörnyei（2009）认为身份认同是关于“可能的自我”（possible selves）的问题；Markus 和 Nurius（1986）则认为身份认同是关于“我会成为什么人”“我想成为什么人”“我怕成为什么人”（Markus et al.，1986）的问题；等等。此外，教师的身份认同还包括教师对职业和教师生涯的看法、态度和观念，等等

（黄景，2010）。本次对教师身份认同的调查由教师对自身职业的定位、对职业状态的评价、对教育发展趋势和教育教学改革的认识等内容构成。

表 5-6 呈现了题 1、2、6、7 之间的相关系数。我们从表中可以看出，题 1（教师对职业是否会再选择的问题）、题 2（教师是否认为所从事的职业是一种谋生手段）、题 6（教师对大学英语教学改革是否持支持态度）与题 7（教师是否认为大学英语教学改革促进了其专业成长）相互之间统计检验的 *P* 值小于 0.05，这四者之间呈显著相关，说明教师对职业的选择及认可程度决定了教师对大学英语改革所持的态度，这一态度又决定了大学英语教改对教师专业成长所起作用的程度。

表 5-6　题 1、2、6、7 之间的相关系数

			题 1	题 2	题 6	题 7
Spearman 的 rho	题 1	相关系数	1.000	-0.151*	0.172*	0.298**
		Sig.（双侧）	0.000	0.032	0.015	0.000
		N	202	202	202	202
	题 2	相关系数	-0.151*	1.000	-0.157*	-0.231**
		Sig.（双侧）	0.032	0.000	0.025	0.001
		N	202	202	202	202
	题 6	相关系数	0.172*	-0.157*	1.000	0.581**
		Sig.（双侧）	0.015	0.025	0.000	0.000
		N	202	202	202	202
	题 7	相关系数	0.298**	-0.231**	0.581**	1.000
		Sig.（双侧）	0.000	0.001	0.000	0.000
		N	202	202	202	202

* 在置信度（双测）为 0.05 时，相关性是显著的。

** 在置信度（双测）为 0.01 时，相关性是显著的。

从表 5-6 中我们还能发现，题 1 与题 7、题 2 与题 7、题 6 与题 7 的相关系数小于 0.01，呈高度正相关，两两之间的交叉制表更直观地反映了题项之间的关系，如表 5-7、5-8、5-9 所示：

表 5-7　题 1 * 题 7 交叉制表

		题 7. 大学英语教学改革对我的专业成长很有帮助					合计
		完全不同意	不同意	既不同意也不反对	基本同意	完全同意	
题 1. 假如让我再选择一次，我还会选择教师职业	完全不同意	4	0	2	8	0	14
	不完全同意	2	8	11	12	0	33
	既不反对也不同意	1	7	15	13	3	39
	基本同意	2	12	17	23	13	67
	完全同意	2	4	8	17	18	49
合计		11	31	53	73	34	202

表 5-8　题 2 * 题 7 交叉制表

		题 7. 大学英语教学改革对我的专业成长很有帮助					合计
		完全不同意	不同意	既不同意也不反对	基本同意	完全同意	
题 2. 我认为教师职业就是一种谋生手段	完全不同意	0	0	3	2	2	7
	不完全同意	3	3	7	18	9	40
	既不同意也不反对	0	10	20	22	15	67
	基本同意	5	11	18	28	4	66
	完全同意	3	7	5	3	4	22
合计		11	31	53	73	34	202

表 5-9　题 6 * 题 7 交叉制表

		题 7. 大学英语教学改革对我的专业成长很有帮助					合计
		完全不同意	不同意	既不同意也不反对	基本同意	完全同意	
题 6. 我非常支持大学英语教学改革	完全不同意	3	0	1	0	0	4
	不完全同意	2	9	1	0	0	12
	既不同意也不反对	1	8	22	8	0	39
	基本同意	3	12	20	40	5	80
	完全同意	2	2	9	25	29	67
合计		11	31	53	73	34	202

题 4、题 5、题 6 旨在调查大学英语教师对目前教育教学改革社会背景的了解程度。题 4 的调查结果显示，有 46.5%的教师不了解高等教育国际化的发展趋势，这与题 5 中 46.0%的教师不了解高考英语改革的调查结果一致。题 9 的调查结果显示有 68.3%的教师认为自己非常了解《大学英语课程教学要求》。这说明，大学英语教师对当前高等教育的发展趋势及高考英语改革的了解程度低，虽然调查数据显示有大部分教师了解《大学英语课程教学要求》，但这与自 2002 年开始教育部不断大力推进大学英语教学改革的步伐并不一致，大学英语教师未能与时俱进，处于被改革的状态。大学英语教师的被动状态，不仅解释了为什么题 2 的调查结果显示有 43.6%的教师认为教师职业就是一种谋生手段，也解释了教育部官员在 21 世纪初就指出的问题，即“教师整体水平有待进一步提高。不少教师在发音、语法、文化和教学方法等方面都有待提高……由于待遇和职称评定等方面的原因，造成某些教师在教学中精力投入不足、责任心不强的状况。这样的一支师资队伍一定程度上影响了大学英语教学质量”（吴启迪，2004）。此外，这样一支不了解外语政策导向的师资队伍，无法回答“社会对于大学毕业生英语方面的需求是什么”“高中毕业生已具备何种英语能力”“大学英语课程设计该如何满足人才培养的需要”等问题，不仅不利于现代高素质人才的培养，甚至会对我国的经济发展形成阻力。因此，我们也就能理解，为什么只有 38.6%的教师满意目前的职业状况，如表 5-10 所示：

表 5-10　教师很满意目前的职业状况

		人次	百分比（%）	有效百分比（%）	累积百分比（%）
有效	完全不同意	15	7.4	7.4	7.4
	不完全同意	46	22.8	22.8	30.2
	既不同意也不反对	63	31.2	31.2	61.4
	基本同意	62	30.7	30.7	92.1
	完全同意	16	7.9	7.9	
	合计	202	100.0	100.0	

（二）大学英语教师的教学、科研状况

1. 教学状况

题 32 旨在了解影响大学英语教师进一步提高教学能力的因素，如表 5-11所示：

表 5-11　影响大学英语教师提高教学能力的因素

	缺乏教学法方面的知识	缺少进修机会	教学负担重	科研压力大	欠缺动力	不知该如何提高自己
教师数	37	139	95	113	56	42
比例（%）	18.3	68.8	47.0	55.9	27.7	20.8

本次调查表明，大学英语教师将缺少进修机会（68.8%）、科研压力大（55.9%）、教学负担重（47.0%）作为阻碍其教学能力提高的主要因素。

有关进修机会，高等学校大学外语教学指导委员会 2001 年的一项调查显示，1998 年到 2001 年每校每年参加国内短期培训的大学英语教师平均人数为 11 人，占高校教师人数的 0.09%；参加长期出国进修的平均人数为 6 人，占教师总数的 0.04%。夏纪梅（2002）的相关调查也显示，受调查教师中“没有出国进修过的人占 84%；没有参加过国外外语教学研讨会的人也占 84%；没有参加过国内外外语教学研讨会或进修的人占 35%～40%”。2008 年的一项调查（王海啸，2009）显示，按每校平均 5 名大学英语教师计算，每校每年参加国内专门培训的教师占学校教师人数的 11.98%；出席国内学术会议的教师占 9.77%；出国接受培训的教师占 7.10%；出席国外学术会议的教师占 0.84%。王海啸认为，按这一比例，每名教师必须等 10 到 100 年才能获得一次进修机会。此外，在 2008 年受调查的 230 所学校中，3 年间没有人参加国内培训的学校有 77 所，没有人出席国内学术会议的学校有 39 所，没有人在国外进修或工作的学校有 68 所，没有人出席国外学术会议的学校更是多达 174 所。可见，虽然教师认识到了进修对于提升其教学水平的重要性，也渴望获得进修机会，但目前主管部门、学校都不能为教师提供足够的进修机会，满足教师的进修需求。

有关科研压力，最初很多高校将大学英语教师视为教学岗，对教师的

科研要求低，教师只要完成额定工作量就可以参加职称的评审。但随着学校对自身综合实力要求的不断提高，改革了教师职称评审制度，无论是学校的优势学科还是弱势学科，对教师的职称评审基本采取“一杆秤”的原则。因此，大学英语教师除了要完成繁重的教学任务，还必须完成一定数量、级别的论文撰写与一定级别的科研项目，才能通过副教授或教授职称的评审，教师仅有的业余时间很难兼顾教学能力的提升与科研的积累。此外，大学英语教师人数众多，在 CSSCI 等核心刊物上发表文章难度较大，这也使教师产生了极大的心理压力。

有关教学任务繁重，2001 年在全国 354 所高校抽样调查的结果显示，大学英语教师每周实际平均课时在 6 节以下的有 4 所（1.1%），8 节课的有 15 所（4.3%），9 节课的有 16 所（4.5%），10 节课以上的有 319 所（90.1%）（蔡基刚，2006）。2003 年的相关调查显示，大学英语周课时在 12 节以上的占 61.6%，其中 10%的教师周课时数超过 16 节（刘润清 等，2003）。2008 年对全国 225 所高校教师教学工作量的调查显示，大学英语教师的平均周课时数仍然很高，如表 5-12 所示：

表 5-12　大学英语教师实际平均周课时（2008）

（转引自王海啸，2009）

实际平均周课时	学校数（个）	比例（%）
≤8 课时	10	4.5
9~10 课时	34	15.1
11~12 课时	73	32.4
13~14 课时	39	17.3
15~16 课时	43	19.1
>16 课时	26	11.6
总计	225	100

除大学英语教师实际平均周课时数没有减少外，授课班级人数多也是造成教师工作量繁重的另一个重要因素。2001 年的相关数据显示，全国大学英语每班平均人数超过 50 人，其中班级人数在 41~59 人的占 37.6%，在 60~79 人的占 18.8%，而 80 人的占 5.9%（蔡基刚，2006）。2008 年的调查显示，在 151 所不分大小班教学的高校中，平均班级人数为 53 人；

在 78 所分大小班上课的高校中，大班平均人数为 76 人，小班平均人数为 34 人。庞大的班级规模，不仅影响了教师的教学效果，也给教师加大了备课与批改作业的量与难度，阻碍了教师教学能力的提升。

事实上，教师想要有机会进修，想要减轻科研带来的压力，首先要在教学工作中“减负”，否则繁重的工作量不仅使教师无法提高教学能力，即便有机会也无暇进修，而且更让教师无法潜心科研，无法实现自身的专业成长诉求，不利于教学质量的提高与教学改革的顺利进行。

2. 科研状况

（1）科研论文的数量与质量

题 35 至题 40 旨在了解大学英语教师的科研状况。本次调查结果显示，在 2011—2015 年，大学英语教师在发表论文的数量和质量上都令人担忧。如表 5-13、5-14 所示：

表 5-13　大学英语教师 2011—2015 年发表论文数

		篇数	百分比（%）	有效百分比（%）	累积百分比（%）
有效	A=0	41	20.3	20.6	20.6
	B=1	40	19.8	20.1	40.7
	C=2	23	11.4	11.6	52.3
	D=3	16	7.9	8.0	60.3
	E=4	13	6.4	6.5	66.8
	F=5	23	11.4	11.6	78.4
	G>5	43	21.3	21.6	100.0
	合计	199	98.5	100.0	
缺失	系统	3	1.5		
合计		202	100.0		

表 5-14　大学英语教师 2011—2015 年发表论文的刊物级别

	省级	北大核心	CSSCI	SSCI 或 A&HCI	未发表或省级以下
教师数	88	59	12	16	50
比例（%）	43.6	29.2	5.9	7.9	24.8

表 5-13 中的统计结果显示，20. 3%的教师没有发表过论文，19. 8%的教师发表了 1 篇，发表 2 篇与 5 篇的教师各占 11. 4%，7. 9%的教师发表了 3 篇，6. 4%的教师发表了 4 篇，有 21. 3%的教师发表了 5 篇以上。发表了 5 篇以上论文的教师所占的比例，与蒋玉梅（2011）2010 年的统计结果（即 10%的比例）相比有了明显提高，原因可能是各高校职称评审条件的提高对大学英语教师产生了一定的影响。

表 5-14 反映了大学英语教师的科研质量，有 24. 8%的教师未发表或仅于省级以下刊物发表过论文，在省级刊物上发表文章的占 43. 6%，而在 CSSCI 发表论文的教师仅占 5. 9%，在 SSCI 或 A&HCI 上发表论文的也不到 8%。可见，大学英语教师虽然在论文发表的数量上有了一定提高，但在质量上还是不尽如人意。

本次有关大学英语教师 2011—2015 年出版物的调查结果显示，虽然有一些教师参编或主编过专著、译著、工具书、教材、教辅材料等，但未参编或未主编过以上出版物的教师分别为 103 人（51%）和 129 人（63. 9%），而且即使是参编或主编过以上出版物的教师，参编的也主要是教材、教辅材料，“这一方面反映了在大学外语教学中有些教辅和工具书类书籍有一定的市场，相对来说比较容易出版；另一方面也说明了大外教师编撰这类书籍还比较胜任，毕竟与纯理论或较高深的学术研究相比，这类书籍的编撰还不算太难，这同样说明大外教师在科研能力上还有着学科专业上的局限”（杨忠 等，2001）。相关调查结果如表 5-15、5-16 所示：

表 5-15　大学英语教师 2011—2015 年参编的出版物

	专著	译著	工具书	教材	教辅	未参编
教师数	22	11	19	35	61	103
比例（%）	10. 9	5. 4	9. 4	17. 3	30. 2	51

表 5-16　大学英语教师 2011—2015 年主编的出版物

	专著	译著	工具书	教材	教辅	未主编
教师数	22	11	11	16	25	129
比例（%）	10. 9	5. 4	5. 4	7. 9	12. 4	63. 9

有关大学英语教师 2011—2015 年参加或主持科研项目的调查结果显示，有一定数量的教师参加或主持的项目以校级项目为主，想要申报校级

以上项目的难度非常大，还有为数不少的教师没有参加过或主持过研究项目，分别为 81 人（40. 1%）和 97 人（48%），如表 5-17、5-18 所示：

表 5-17　大学英语教师 2011—2015 年参加过的研究项目级别

	校级	市厅级	省部级	国家级	横向	未参加
教师数	82	62	52	39	12	81
比例（%）	40. 6	30. 7	25. 7	19. 3	5. 9	40. 1

表 5-18　大学英语教师 2011—2015 年主持过的研究项目级别

	校级	市厅级	省部级	国家级	横向	未主持
教师数	49	36	19	1	0	97
比例（%）	24. 3	17. 8	9. 4	0. 5	0	48

夏纪梅（2002）对教师教学研究能力的调查结果显示，完全没有撰写过教学研究论文和不知道如何写的人有 24%；完全没有编写过教材和不知道如何编写的有 37%；完全没有参加过更没有主持过教学研究项目和不知道如何申请也不会写课题论证的人占 50%。时隔 12 年的调查结果所反映出的教师在科研上呈现出的不足，与 12 年前的调查结果相比没有实质性的变化。

（2）影响大学英语教师科研水平提高的因素

本次统计结果显示，教师对于“大学英语教师一定要具备科研意识”的认同度为 63. 4%，但有 75. 3%的教师认为学校对大学英语教师的科研要求不合理，如表 5-19、5-20 所示：

表 5-19　大学英语教师一定要具备科研意识

		人次	百分比（%）	有效百分比（%）	累积百分比（%）
有效	完全不同意	5	2. 5	2. 5	2. 5
	不同意	17	8. 4	8. 4	10. 9
	既不同意也不反对	52	25. 7	25. 7	36. 6
	基本同意	81	40. 1	40. 1	76. 7
	完全同意	47	23. 3	23. 3	
	合计	202	100. 0	100. 0	

表 5-20 学校对于大学英语教师的科研要求不合理

		人次	百分比（%）	有效百分比（%）	累积百分比（%）
有效	完全不同意	2	1.0	1.0	1.0
	不完全同意	6	3.0	3.0	4.0
	既不同意也不反对	42	20.8	20.8	24.8
	基本同意	68	33.6	33.6	58.4
	完全同意	84	41.6	41.6	
	合计	202	100.0	100.0	

从表 5-21 还可以看出，教师对于题 24“学校对于大学英语教师科研要求不合理”的认同度，与题 28“教师对于目前的职业状况”的满意度之间的相关系数为 0.255，$P<0.01$，两者呈显著正相关，说明大学英语教师对于学校科研政策的不认可正是其对目前职业状况不满意的重要因素之一。

表 5-21 题 24 与 28 相关系数

			题 24	题 28
Spearman 的 rho	题 24	相关系数	1.000	-0.255**
		Sig.（双侧）	0.000	0.000
		N	202	202
	题 28	相关系数	-0.255**	1.000
		Sig.（双侧）	0.000	0.000
		N	202	202

** 在置信度（双测）为 0.01 时，相关性是显著的。

就做科研的压力和阻力而言，教师觉得科研的压力主要来自晋升职称需要和课题难申请，自加压力为最小压力因素。教师觉得做科研最大的阻力是论文发表困难，其他阻力从大到小依次为教学任务繁重、相关学科知识的欠缺与研究方法的欠缺、科研意识薄弱及不感兴趣，如表 5-22、5-23 所示：

表 5-22 大学英语教师做科研的主要压力

	晋升职称需要	学校或学院制度规约	自加压力	课题难申请
教师数	144	88	24	124
比例（%）	71.3	43.6	11.9	61.4

表 5-23 大学英语教师做科研的阻力

	相关学科知识的欠缺	研究方法的欠缺	教学任务繁重	科研意识薄弱	论文发表困难	不感兴趣
教师数	93	83	98	61	160	53
比例（%）	46.0	41.1	48.5	30.2	79.2	26.2

由以上统计结果，结合“影响大学英语教师教学能力提高的因素”，我们可以发现，教学任务繁重不仅阻碍了教师教学能力的提高，也对教师科研水平的提高形成了阻力；教师虽然认为自己愿意做科研，不缺乏做科研的意识，也知道自己做科研欠缺相关学科知识和研究方法，但不会自加压力，可见教师做科研的主观动机并不是很强，将阻碍其教学与科研的因素归结于客观原因；与蒋玉梅（2010）调查所呈现的影响教师做科研的第一因素为教学负担过重（61.3%）、第二因素为论文发表难（46.4%）的结果相比，本次调查结果显示的是论文发表困难为第一阻力（79.2%）、教学任务繁重为第二阻力（48.5%），结合晋升职称需要为教师做科研的最主要压力来看，为了实现晋升职称的目标，越来越多的教师意识到了做科研、发文章的重要性，也开始撰写论文并尝试投稿。但因为外语类核心期刊较少，大学英语教师人数众多，而且其中有很多教师又欠缺相关学科知识和研究方法，写出的文章数量与质量上存在不足，导致了文章录用率低、教师发文章困难的状况。

3. 教学与科研的关系

在教学与科研的关系上，有 68.8%的教师认为，教学与科研之间并没有必然联系；53.5%的教师视教学为中心，39.6%的教师认为两者并重，仅有 1.5%的教师认为科研第一，如表 5-24、5-25 所示。这些数据说明，尽管高校在大学英语教师晋升职称方面对科研提出了更高的要求，对教师做科研产生了一定的导向作用，教师也具备了一定的科研意识，但教师始终都没能摆脱“重教轻研”的观念。教师这种根深蒂固的认为教学第一位的观念与对学校科研要求不认可的态度，对高校科研政策切实实施产生了极大的阻力，对教师实现真正意义上的专业成长也是一种桎梏。

表 5-24　教学效果好与科研能力强之间没有必然联系

		频率（次）	百分比（%）	有效百分比（%）	累积百分比（%）
有效	完全不同意	8	4.0	4.0	4.0
	不完全同意	19	9.4	9.4	13.4
	既不同意也不反对	36	17.8	17.8	31.2
	基本同意	65	32.2	32.2	63.4
	完全同意	74	36.6	36.6	
	合计	202	100.0	100.0	

表 5-25　大学英语教师对教学与科研关系的看法

	科研第一	两者并重	教学为中心	说不清楚
教师数	3	80	108	11
比例（%）	1.5	39.6	53.5	5.4

（三）影响大学英语教师专业发展的因素

虽然接受调查的大学英语教师中有 55.9%的教师有很明确的职业发展目标，有 43.6%的教师有很具体的职业发展规划，但教师的专业发展并不顺利，如 5-26、5-27 所示：

表 5-26　教师有很明确的职业发展目标

		频率（次）	百分比（%）	有效百分比（%）	累积百分比（%）
有效	完全不同意	10	5.0	5.0	5.0
	不完全同意	24	11.9	11.9	16.8
	既不同意也不反对	55	27.2	27.2	44.1
	基本同意	93	46.0	46.0	90.1
	完全同意	20	9.9	9.9	
	合计	202	100.0	100.0	

表 5-27　教师有很具体的职业发展规划

		频率（次）	百分比（%）	有效百分比（%）	累积百分比（%）
有效	完全不同意	13	6.4	6.5	6.5
	不完全同意	34	16.8	16.9	23.4
	既不同意也不反对	66	32.7	32.8	56.2
	基本同意	70	34.7	34.8	91.0
	完全同意	18	8.9	9.0	
	合计	201	99.5	100.0	
缺失	系统	1	0.5		
合计		202	100.0		

大学英语教师的专业发展除需要教师自身有专业成长的诉求外，还受到多种因素的制约。本次对影响大学英语教师专业发展外在因素的调查结果显示，有近 40%的教师认为学校领导不重视大学英语教师的专业发展，有 20%左右的教师持不置可否的态度，如表 5-28 所示；有 33.6%的教师认为教研室或教学小组没有组织经常性的集体备课或讨论教学问题，有 23.8%的教师未明确表态，如表 5-29 所示；有 56.4%的教师在自身专业发展的过程中受到了家人的鼓励与支持，如表 5-30 所示；有 64.9%的教师认为自己及周围同事与教研室的关系“只是一种形式上的组织关系，对教师没有实质上的影响”，如表 5-31 所示；对于同教研室或同院的教师进行教学改革，有 64.9%的教师会“很欣赏同事的改革，感到有压力并向他（她）学习”，如表 5-32 所示：

表 5-28　学校领导非常重视大学英语教师的专业发展

		频率（次）	百分比（%）	有效百分比（%）	累积百分比（%）
有效	完全不同意	29	14.4	14.4	14.4
	不完全同意	47	23.3	23.3	37.6
	既不同意也不反对	45	22.3	22.3	59.9
	基本同意	64	31.7	31.7	91.6
	完全同意	17	8.4	8.4	
	合计	202	100.0	100.0	

表 5-29　教研室或教学小组经常集体备课或讨论教学问题

		频率（次）	百分比（%）	有效百分比（%）	累积百分比（%）
有效	完全不同意	13	6.4	6.4	6.4
	不完全同意	55	27.2	27.2	33.7
	既不同意也不反对	48	23.8	23.8	57.4
	基本同意	67	33.2	33.2	90.6
	完全同意	19	9.4	9.4	100.0
	合计	202	100.0	100.0	

表 5-30　家庭鼓励大学英语教师积极追求专业发展

		频率（次）	百分比（%）	有效百分比（%）	累积百分比（%）
有效	完全不同意	5	2.5	2.5	2.5
	不完全同意	14	6.9	6.9	9.4
	既不同意也不反对	69	34.2	34.2	43.6
	基本同意	83	41.1	41.1	84.7
	完全同意	31	15.3	15.3	100.0
	合计	202	100.0	100.0	

表 5-31　教师及其同事与教研室的关系

		频率（次）	百分比（%）	有效百分比（%）	累积百分比（%）
有效	A 很强的归属感	49	24.3	24.5	24.5
	B 组织关系形式，无实质影响	131	64.9	65.5	90.0
	C 有利与不利并存	12	5.9	6.0	96.0
	D 压制和束缚	8	4.0	4.0	100.0
	合计	200	99.0	100.0	
缺失	系统	2	1.0		
合计		202	100.0		

表 5-32　对同教研室或同院的教师进行教学改革的认识

		频率（次）	百分比（%）	有效百分比（%）	累积百分比（%）
有效	A 欣赏	131	64.9	64.9	64.9
	B 没感觉	69	34.2	34.2	99.0
	D 说风凉话	2	1.0	1.0	100.0
	合计	202	100.0	100.0	

结合题 3 “我认为当前大学英语教师普遍的工作状态是得过且过” 与题 8、题 11、题 27 的相关分析来看，教师的工作状态与学校对大学英语教师的重视程度、教研室或教研小组教学活动的组织频率、教师从家庭所获得对于其专业成长的鼓励的相关系数分别为 0.217、0.307 和 0.157，且 $P<0.05$，显示前者与后三者之间有显著的较强正相关关系，如表 5-33 所示：

表 5-33　题 3 与题 8、题 11、题 27 相关系数

			题 3	题 8	题 11	题 27
Spearman 的 rho	题 3	相关系数	1.000	−0.217**	−0.307**	−0.157*
		Sig.（双侧）	0.000	0.002	0.000	0.026
		N	202	202	202	202
	题 8	相关系数	−0.217**	1.000	0.352**	0.255**
		Sig.（双侧）	0.002	0.000	0.000	0.000
		N	202	202	202	202
	题 11	相关系数	−0.307**	0.352**	1.000	0.130
		Sig.（双侧）	0.000	0.000	0.000	0.066
		N	202	202	202	202
	题 27	相关系数	−0.157*	0.255**	0.130	1.000
		Sig.（双侧）	0.026	0.000	0.066	0.000
		N	202	202	202	202

** 在置信度（双测）为 0.01 时，相关性是显著的。
* 在置信度（双测）为 0.05 时，相关性是显著的。

可见，虽然同教研室或同院教师的教学改革对大多数教师的专业成长起到了促动的作用，不少家庭也对教师的专业发展持鼓励的态度，但教师赖以生存与发展的主要环境——学校与教研室（教学小组）对教师专业成长的重视程度与支持力度不够，这也是导致不少教师处于得过且过的工作状态的主要原因。

虽然教学的性质决定了教师工作的独立性，但教师作为社会群体的一分子，既需要学生分享自己的专业知识，需要同事分享自己的实践智慧，也需要领导对于自己工作的认可和专业发展的支持，美国教育家约翰·古德莱曾说过，“没有更好的教师就不会有更好的学校，但没有教师可以在其中学习、实践和发展自身的更好的学校，也就不会有更好的教师”（转引自康丽颖，2006）。还有研究发现，教师这一群体不仅乐为人师，还经常需要不断地从外界得到支持和激励，在他们非常“独立”的表象之下，同样需要得到同事的帮助与提携，一个积极、开放、真诚、互助的教师群体，是督促教师愿意无保留地奉献自己所长，同时努力汲取同行之所长的基本保障（周燕，转引自吴一安 等，2007）。因此，“只有当个人建构的、独有的主观意义和理论跟社会和物理世界‘相适应’时，个体才有可能得到发展。因为发展的主要媒介是通过交互作用导致的意义和社会协商”（保罗·欧内斯特，1998），教师的专业发展仅依赖于自己闭门研读是不现实的，只有不断与同事交流，不断有思想火花的碰撞，不断获得激励与支持，才能获得专业发展源源不断的活力与动力。可见，学校等外部环境与资源的支持、教师间在实践共同体中的协商与互动，不仅为教师专业能力的提高提供了保障，也对教师专业的发展起到了积极的推动与促进作用。

（四）大学英语教师的专业发展路径

国外有学者（约翰·布兰斯德 等，2002）将国外一线教师的学习途径总结为以下 5 种：第一，教师从自己的教学实践中学习。教师从活生生的实验中获得新知识，获得对学生、学校、课程、教学方法的理解，这成为他们职业实践的一部分。教师也通过不同形式的教师研究或“行动研究”从自己的教学实践中学习。第二，教师在与其他教师的互动过程中学习。这样的学习会在正式或非正式的情境下发生，类似于学徒制学习。第三，教师通过在自己的学校内参与学位课程学习，参加由顾问开设的具体的教师提高课程向教育专家学习。第四，很多教师报名参加研究生课程学习。有些州要求教师具有硕士学位或者继续教育证书。大多数学区把教师的工资和其学历挂钩。最后，教师从正式的职业工作之外寻找学习途径。成功的学习要求一个连续不断的、合作努力的职前、职后及终身的专业发展机会。国内教师的专业发展路径形式也是多种多样的，有一些是学校、职能性培训机构等提供的较为正式、正规的路径，有一些是教师为了实现自身的专业发展自主的一些非正式、非正规的路径。

本次调查结果显示，在大学英语教师可自主获得的专业发展路径中，“经常阅读语言教学或专业发展理论与实践研究方面的期刊或书籍等”的教师占 45. 5%，有 30. 2%的教师完全不会采取这种方式来帮助自己实现专业发展，如表 5-34 所示；“经常参加每学期的示范教学课和观摩听课活动”的教师占 45. 6%，不参加的教师占 33. 1%，如表 5-35 所示；“愿意参加各级各类讲课比赛”的教师占 31. 2%，不愿参加的教师占 38. 1%，如表 5-36 所示；“经常和同事讨论教学中发生的比较突出的事件”实现校本培训目的的教师占 64. 3%，如表 5-37 所示；“在教学工作中经常进行教学反思”的教师占 85. 7%，如表 5-38 所示；“在教学工作中不断践行自己对英语教学的认识”，进行行动研究的教师占 87. 6%，如表 5-39 所示；“总是想方设法解决工作中遇到的难题”的教师占 83. 7%，如表 5-40 所示；“总试图通过各种途径提高自己的业务水平与专业素养”的教师占 78. 2%，如表 5-41 所示：

表 5-34　经常阅读语言教学或专业发展理论与实践研究方面的期刊或书籍

		频率（次）	百分比（%）	有效百分比（%）	累积百分比（%）
有效	完全不同意	5	2. 5	2. 5	2. 5
	不完全同意	56	27. 7	27. 7	30. 2
	既不同意也不反对	49	24. 3	24. 3	54. 5
	基本同意	75	37..1	37. 1	91. 6
	完全同意	17	8. 4	8. 4	100. 0
	合计	202	100. 0	100. 0	

表 5-35　经常参加每学期的示范教学课和观摩听课活动

		频率（次）	百分比（%）	有效百分比（%）	累积百分比（%）
有效	完全不同意	14	6.9	6.9	6.9
	不完全同意	53	26.2	26.2	33.2
	既不同意也不反对	43	21.3	21.3	54.5
	基本同意	71	35.1	35.1	89.6
	完全同意	21	10.4	10.4	100.0
	合计	202	100.0	100.0	

表 5-36　愿意参加各级各类讲课比赛

		频率（次）	百分比（%）	有效百分比（%）	累积百分比（%）
有效	完全不同意	20	9.9	9.9	9.9
	不完全同意	57	28.2	28.2	38.1
	既不同意也不反对	62	30.7	30.7	68.8
	基本同意	54	26.7	26.7	95.5
	完全同意	9	4.5	4.5	100.0
	合计	202	100.0	100.0	

表 5-37　经常和同事讨论教学中发生的比较突出的事件

		频率（次）	百分比（%）	有效百分比（%）	累积百分比（%）
有效	完全不同意	5	2.5	2.5	2.5
	不完全同意	17	8.4	8.4	10.9
	既不同意也不反对	50	24.8	24.8	35.6
	基本同意	97	48.0	48.0	83.7
	完全同意	33	16.3	16.3	100.0
	合计	202	100.0	100.0	

表 5-38　在教学工作中经常进行反思

		频率（次）	百分比（%）	有效百分比（%）	累积百分比（%）
有效	完全不同意	1	0. 5	0. 5	0. 5
	不完全同意	8	4. 0	4. 0	4. 5
	既不同意也不反对	20	9. 9	9. 9	14. 4
	基本同意	109	54. 0	54. 0	68. 3
	完全同意	64	31. 7	31. 7	100. 0
	合计	202	100. 0	100. 0	

表 5-39　在教学工作中不断践行自己对英语教学的认识

		频率（次）	百分比（%）	有效百分比（%）	累积百分比（%）
有效	完全不同意	1	0. 5	0. 5	0. 5
	不完全同意	5	2. 5	2. 5	3. 0
	既不同意也不反对	19	9. 4	9. 4	12. 4
	基本同意	116	57. 4	57. 4	69. 8
	完全同意	61	30. 2	30. 2	100. 0
	合计	202	100. 0	100. 0	

表 5-40　总是想方设法解决工作中遇到的难题

		频率（次）	百分比（%）	有效百分比（%）	累积百分比（%）
有效	完全不同意	1	0. 5	0. 5	0. 5
	不完全同意	4	2. 0	2. 0	2. 5
	既不同意也不反对	28	13. 9	13. 9	16. 3
	基本同意	108	53. 5	53. 5	69. 8
	完全同意	61	30. 2	30. 2	100. 0
	合计	202	100. 0	100. 0	

表 5-41　总试图通过各种途径提高自己的业务水平与专业素养

		频率（次）	百分比（%）	有效百分比（%）	累积百分比（%）
有效	完全不同意	2	1.0	1.0	1.0
	不完全同意	11	5.4	5.4	6.4
	既不同意也不反对	31	15.3	15.3	21.8
	基本同意	98	48.5	48.5	70.3
	完全同意	60	29.7	29.7	100.0
	合计	202	100.0	100.0	

从以上结果我们可以发现，虽然有不少教师具备科研意识，但他们在专业提升方面不会选择阅读专业性、学术性的期刊杂志，可能是因为期刊杂志上刊登的文章偏理论的居多，与教师的教学实践产生了一定的距离，让教师感觉那些文章“高大上”，并不能对自身的教学实践起到较为具体的指导作用。因此，他们在专业发展过程中会较多地选择与同事交流、与学生沟通来获得相应的反馈，试图通过不断地自我探索、实践、反思来提升自己的专业水平与素养，从本质上而言，这也属于一种以“自身为资源”的行动研究。教师的这种自主、自发的行动研究被认为是行动研究的最高级模式——解放性行动研究，在这一研究框架中，教师自己担负起苏格拉底角色的责任，教师既是研究者又是实践者，其中更重要的是研究者的角色。解放性行动研究是一种真正的行动研究，它将教学实践置于系统的理论知识和研究基础之上，有助于发展受教育者的批判性自我反思意识，拓展教师的专业自主，从而提供检验和改进教学实践的方法（王枬等，2007）。也有学者（Darling-Hammond，1998）认为，教师学习的最有效途径是在行动、反思中学习，在与学校教师的合作中学习，在关注学生学习、教师教学的过程中学习，在分享自己所学、所做、所思的历程中学习。对于行动研究的认可与重视，并不意味着这种研究可以脱离专业理论知识的支撑或无需遵循规范的研究方法。事实上，缺乏一定的理论素养或是研究方法不当，教师为了给同行提供借鉴或为了实现职称晋升，想要自身实践性知识得到提炼与升华，是难以实现的。在具体的反思方式上，教师们目前经常做的有：“教师间讨论”占 66.3%，“与学生沟通获得反馈”占 61.9%，“听取同行或专家建议”占 46%；而那些能促动教师进行深入

反思、有效积累与提升教师实践性知识、有利于理论知识指导并融入实际教学环节的方式却不是教师的主要选择，“做教学档案袋”的仅占9.4%，“写教学日志”的占19.3%，“观摩教学录像带”的占19.8%，如表5-42所示：

表5-42 大学英语教师教学的反思方式

	写教学日志	做教学档案袋	观摩教学录像带	整理教案	对比优秀教案范例	与学生沟通获得反馈	教师间讨论	听取同行或专家建议
教师数	39	19	40	68	58	125	134	93
比例（%）	19.3	9.4	19.8	33.7	28.7	61.9	66.3	46.0

教师“教学档案袋”是“关于教师教学实践的信息汇总……它围绕着合理的专业内容标准和学校的目标进行建构……它包括对学生学习和教师教学中精心挑选的例子进行评论和解释”（Stronge，1997），“它能呈现一位教师的努力、技能、能力、成绩、对同事的帮助，以及对学校与学术领域的贡献情况”（Brown et al.，1997），“能激励（教师）不断地进行反思，而不仅仅记录学生的学习情况；它的内容来源于一系列与教学、学习相关的经历与能力，并对这些经历和能力进行反思”（Yagleski，1997），反思又能促使教师“思考教学过程；对自己的教学承担责任；觉察到教学中的缺陷；决定符合自己教学实际情况的教学策略；勇于尝试冒险和探究；为以后的教学活动定下目标；察觉到变化与发展”（Porter et al.，1995），因此“建立一个档案袋必然会加深教师对教学的认识”（Brown et al.，1997）。“教学日志”是“教师用写作的方式记录和探究自己的教学实践活动”（Ho et al.，1993），而且“无论你记录的是什么，写作的水平怎样（即使叙事的语言不精练、故事不精彩），将来反思自己的教学时，这些都是有价值的”（Wong，1994），因为这让我们“更容易认识到那些通常情况下没有表达出来的潜藏的知识。这些潜藏的理解意识化后，我们可以对它们进行批判、研究，让它更完善”（Zeichner et al.，1996）。“教学录像带”真实、客观地记录了教师的教学，“能够展示教师表现的具体方面，例如，讲话的速度和抑扬顿挫、非语言性行为、课程内容呈现的技巧、材料呈现的顺序及学生回答的反馈方法等。它可以展示学生的言语及非言语的表现、他们参与课堂的程度、注意力集中情况及个别学生的动作。最后，录像带可以提供给我们教学的内容及课堂组织、课堂

活动的多样性，教学辅助设施的使用情况，以及教师与学生讲话的比例等方面的信息……（教学录像带）是反馈的一个有价值的来源，它允许教师从学生的角度看待自己，对课堂上发生的事情进行准确地把握……通过观看课堂教学录像带，教师可以获得教师的表现情况、学生课堂参与情况及课程本身等方面的信息，通过观看他/她的课堂录像带，教师可以从不同的角度对教学进行回顾。教师可能会发现他/她以前没有注意到的某些方面，如自己表现、课程内容或学生的行为等，因为当时他们完全融入课堂教学过程中了”（Stenson，Smith & Perry，1979），因此录像带“与个人培训具有同等完美的价值”（Wallace，1981）。大学英语教师反思方式上的局限性，不仅解释了目前大学英语教师科研的数量与质量堪忧的原因所在，也让我们了解了影响其专业的真正羁绊所在。

对教师进行有关培训与进修情况的调查结果显示，有 54.5%的教师认为“各级各类进修与培训使我的教学实践知识得到了升华”，18.8%的教师持反对意见，如表 5-43 所示：

表 5-43　各级各类进修与培训使大学英语教师的教学实践知识得到了升华

		频率（次）	百分比（%）	有效百分比（%）	累积百分比（%）
有效	完全不同意	7	3.5	3.5	3.5
	不完全同意	31	15.3	15.3	18.8
	既不同意也不反对	54	26.7	26.7	45.5
	基本同意	63	31.2	31.2	76.7
	完全同意	47	23.3	23.3	100.0
	合计	202	100.0	100.0	

对教师 5 年内参加国内外学术会议与进修的调研结果显示，没有参加过国内学术会议与进修的教师均占 40.1%，如表 5-44、5-46 所示；没有参加过国外学术会议的教师占 76.7%，如表 5-45 所示；没有出国进修过的教师占 71.8%，如表 5-47 所示。这与蒋玉梅（2011）调查的结果基本一致。可见，大学英语教师参加国内外学术会议与进修的状况近 5 年都没有发生改变，究其原因，一方面，教师参加国外会议或进修的费用较高，如果学校不给予经费支持，教师即便获得机会，考虑到高额的费用也会望而

却步；另一方面，想要申请参加国外学术会议或进修，教师自身必须具备一定的能力，尤其是科研能力，而以目前大学英语教师的科研素养状况来看，具备条件的教师并不是很多。

表 5-44 大学英语教师 5 年内参加国内学术会议情况

		频率（次）	百分比（%）	有效百分比（%）	累积百分比（%）
有效	A=0	81	40.1	40.7	40.7
	B=1~2	87	43.1	43.7	84.4
	C=3~4	22	10.9	11.1	95.5
	D=5	7	3.5	3.5	99.0
	E>5	2	1.0	1.0	100.0
	合计	199	98.5	100.0	
缺失	系统	3	1.5		
合计		202	100.0		

表 5-45 大学英语教师 5 年内参加国际学术会议情况

		频率（次）	百分比（%）	有效百分比（%）	累积百分比（%）
有效	A=0	155	76.7	77.9	77.9
	B=1	28	13.9	14.1	92.0
	C=2	8	4.0	4.0	96.0
	D≥3	7	3.5	3.5	99.5
	5	1	0.5	0.5	100.0
	合计	199	98.5	100.0	
缺失	系统	3	1.5		
合计		202	100.0		

表 5-46　大学英语教师 5 年内国内进修的情况

		频率（次）	百分比（%）	有效百分比（%）	累积百分比（%）
有效	A=0	81	40. 1	40. 7	40. 7
	B=1	97	48. 0	48. 7	89. 4
	C=2	15	7. 4	7. 5	97. 0
	D≥3	6	3. 0	3. 0	100. 0
	合计	199	98. 5	100. 0	
缺失	系统	3	1. 5		
合计		202	100. 0		

表 5-47　大学英语教师 5 年内国外进修的情况

		频率（次）	百分比（%）	有效百分比（%）	累积百分比（%）
有效	A=0	145	71. 8	72. 9	72. 9
	B=1～2	53	26. 2	26. 6	99. 5
	5	1	0. 5	0. 5	100. 0
	合计	199	98. 5	100. 0	
缺失	系统	3	1. 5		
合计		202	100. 0		

大学英语教师所参加的培训主要是出版社组织的与教材使用挂钩的研讨会，培训的层次以省级（30. 2%）与校级（市厅级）（24. 8%）为主，还有 37. 6%的教师没有接受过任何层次的培训，如表 5-48、5-49 所示。虽然 2008 年的相关调查显示，在新一轮大学英语教学改革中教师获得了更多的进修提高的机会，但就本次调查看来，大学英语教师培训不仅在内容与层次上不容乐观，在进修与培训的机会方面也相当缺乏，即使是关于大学英语教学改革一直强调的教师必须具备的信息技术能力的培训也很少。

表 5-48　大学英语教师参加过的培训的内容

	出版社组织的与教材使用挂钩的研讨会	研究方法培训	语言技能培训	教学方法培训	测试方法培训	计算机网络技术培训
教师数	123	48	19	35	34	20
比例（%）	60.9	23.8	9.4	17.3	6.9	9.9

表 5-49　大学英语教师接受的培训层次

	国家级	省级	校级（市厅级）	没有接受过培训
教师数	17	61	50	76
比例（%）	8.4	30.2	24.8	37.6

在所参加的有限的培训中，48.5%的教师认为较具培训效果的是教学方法培训，认为是研究方法培训的占 38.6%，如表 5-50 所示。这可能是因为教学方法培训与教师的教学实践密切相关，对教师的教学具有直接的指导作用，一旦某种教学方法在实际的教学中行而有效，教师就会非常认可这类培训。研究方法培训不仅有利于教师科研规范化的养成，还能有效地帮助教师提高论文的质量，满足了教师晋升职称的目的，因而认可度也相对较高。

表 5-50　大学英语教师认为较具培训效果的培训

	出版社组织的与教材使用挂钩的研讨会	研究方法培训	语言技能培训	教学方法培训	测试方法培训	计算机网络技术培训
教师数	39	78	49	98	38	29
比例（%）	19.3	38.6	24.3	48.5	18.8	14.4

不同的教师关于最需要培训的时间节点的观点各有不同，其中有 48.5%的教师选 3～5 年，其他依次为 6～8 年（23.8%），1～2 年（9.9%），10 年以上（9.4%），9～10 年 6.9%。根据吴一安等（2007）有关高校英语教师专业发展阶段的划分，3～5 年是大部分教师职业发展的巩固与发展阶段，这个阶段的教师有了一定的教学实践，形成了一定的教学

理念，开始探索、反思自身的教学，并对教学产生了一些困惑，需要借助外部力量，包括同事和专家的意见来提高自己教学水平，同时提升自己对教学的认识，实现自身的专业成长。

目前，教师较为期待的培训内容为针对学生的不同需求进行教学设计（41.6%）、教育科研方法（40.6%）及新的教育理念（40.6%）。可见，教师除了自身发展对科研方法有需求外，也越来越意识到对学生进行需求分析的重要性，意识到需求分析是一切教育教学活动的前提和基础。对外语教学进行需求分析至少有四大作用：（1）为制定外语教育政策和设置外语课程提供依据。最初的需求分析不但要针对不同的学习者，而且要结合国家的语言政策、社会对外语人才的需求来进行。只有这样，课程设计和大纲制定才有一个比较真实可靠的理论和实践依据。（2）为外语课程的内容设计和实施提供依据。（3）为外语教学目标和教学方法的确定提供依据。在外语教学实施过程中，教师必须经常地、反复地对学生的需求进行分析，以对教学过程进行及时的调整。（4）为现有外语课程的检查和评估提供参考（束定芳，2004）。

教师认为较可行的培训方式依次为出国学习（53.5%）、脱产进修（41.4%）、在国内做访问学者（39.6%）、在职进修（36.1%）、寒暑假进修（27.7%）、网络远程培训（16.8%）。在对具体促进自身职业发展途径的选择上，以参加学术会议与培训（41.6%）、国外进修（41.1%）、多出科研成果（37.6%）及多出教学成果（37.1%）居多，如表5-51所示。教师参加培训的主要动力依次为：开阔眼界、增长阅历（66.8%），解决教学实践中的问题（56.9%），提升素养、促进专业发展（50.0%），晋升职称（45.5），学历达标（20.3%），硬性规定、不得已而为之（13.9%），拓展人际关系、认识同行或专家（13.9%），以及成为骨干或学科带头人（11.9%）。结合3项调查结果，我们发现，国外进修是多数教师梦寐以求的进修方式与专业发展途径，这可能与教师从事英语语言教学的工作有关，教师都希望能有机会去母语国家来提高自身的职业技能与专业水平；对获得丰富的教学成果与科研成果的渴望，一方面体现了大学英语教师较高的职业忠诚度与对专业发展的热情，另一方面也反映了教师对实现职称评审目标、自身价值被认可的强烈需求。

表 5-51 大学英语教师促进自身职业发展的途径

	攻读本专业方向的更高学历	攻读其他方向的更高学历	多出科研成果	多出教学成果	参加学术会议与培训	国外进修
教师数	65	46	76	75	84	83
比例（%）	32. 2	22. 6	37. 6	37. 1	41. 6	41. 1

(五) 大学英语教师对教师专业发展的政策建议

大学英语教师在其专业发展方面，主要希望政府、学校及相关职能部门能够增大投入（59. 4%）、改进激励措施(59. 4%)，以及提高培训的实效性、针对性(55. 9%)，也希望教师自身能够获得机会积极参与，自主发展（46. 5%），如表 5-52 所示：

表 5-52 大学英语教师专业发展的政策建议

	增大投入	改进激励措施	健全政策，完善体制	完善设备，提供资源	提高培训的实效性、针对性	教师积极参与，自主发展	实现培训形式创新	改革培训内容
教师数	120	120	74	80	113	94	63	56
比例（%）	59. 4	59. 4	36. 6	39. 6	55. 9	46. 5	31. 2	27. 7

随着教育改革的不断深化，国家和政府发现教师是决定教学改革成败与教学质量高低的关键因素，因此出台了一系列有关保障教师权益的政策，采取了一系列促进教师专业发展的举措。这些政策无疑对教师具有积极的引导作用：一方面，明确教师专业发展的目标。教育政策体现了国家的意志，代表着统治阶级的根本利益，具有明确的指向性，因此教育政策对于教师专业发展的取向有着第一位的重要意义。另一方面，促进教师思想观念的认同，指导教师的教育行为。教育政策比思想教育工作更具有说服力和威慑力，能够潜移默化地引导教师的思想和行为，有利于澄清教师的认识，纠正教师的行为偏差，使教师向着教育政策所希望的方向发展（赵昌木，2011）。本次的调查结果中，教师对于自身职业不高的认同度与政策上的希冀正体现了目前教育政策执行的不到位与激励措施的不完善。

本章小结

本章分析了调查问卷所收集的结果数据。本研究采用 SPSS19.0 统计分析软件，用描述统计、信度与效度分析、相关性分析、方差分析等对大学英语教师专业发展路径研究相关的 5 个方面内容，即教师对职业的认同；教师的教学、科研状况；影响教师专业发展的因素；教师专业发展的路径与机会；教师对教师专业发展的政策建议进行了探究。通过分析 5 方面内容的调查结果，我们发现：

1. 大学英语教师专业发展现状不容乐观。首先，大学英语教师在职称构成上以中级职称为主，高级职称教师的比例小。职称作为教师学术能力的主要衡量依据，反映了教师的专业发展状况。科研成果作为职称评审的主要指标，以论文与课题为重要组成部分，大学英语教师的论文与课题无论是在数量上还是在质量上都不如专业英语教师，与其他强势学科教师的科研成果相比差距更是明显。此外，多数大学英语教师将自己的职业视为一种谋生的手段，普遍的工作状态是得过且过，也说明教师在自身专业发展上的被动应对。教师在这两个方面的态势清楚地反映了其专业发展的不利局面。

2. 社会环境对大学英语教师专业发展不利。首先，政府所推进的大学英语教学改革对大学英语教师而言是一种“自上而下”的组织改革，这种组织改革对大学英语教师专业发展所产生的是外部压力，而非教师发自内心的专业成长渴求，这种被迫求发展、求生存的状态，让教师深感压力，这也反映在了教师对改革纲领性文件《大学英语课程教学要求》的了解及执行程度与改革推进步伐的不一致中。因此，大学英语教学改革“终究应当以更大程度地调动人的积极性和满足人的需要，而不应只是考验人的心理承受能力为出发点和归宿”（冒荣 等，1997）。另外，高校在配置资源时以学科作为分配依据，在职称评审时以“一杆标尺”作为评价标准，在建立考核机制时又以科研成果作为考量指标，大大遏制了大学英语教师对专业发展的渴望与追求，阻碍了教师专业水平的提升。

3. 大学英语教师专业发展路径欠缺。目前除了出版社每年在暑期有较为固定的以推介教材为目的的短期培训，教师教育机构几乎没有针对普通大学英语教师专业发展需求与成人学习特点开设的教育课程，而主要是为学科带头人或骨干教师提供培训课程，即便这样的课程也欠缺连续性与衔接性，忽视受训教师的个体差异，培训结束课程也结束，不仅没有对课程培训效果的反思与总结，更没有培训后期的跟踪与调查。大学英语在多数高校属于公共课，在学科上也属于边缘学科，因此高校也未从本校大学英语教师专业发展与梯队建设的角度出发，根据教师个人的专业发展需求，按照人人平等的原则，为教师建立完善的选拔机制、培训机制与激励机制。而作为本应与教师联系最紧密的教研室、教学小组，不仅未能让教师产生归属感，更没能在教师专业成长的过程中起到导向作用，教师在教学实践情境中形成的实践性知识无法展示与共享，无法提炼与升华，有学者（Griffiths et al.，1992）指出，“教师在长期的教学实践中会形成一些自认为理所当然的个人知识，这些知识如果没有通过对话来公开化，就有可能因为缺乏严格的监视而成为愚昧的理论”。

问卷调查的研究结果呈现了大学英语教师专业发展现状与目前教师可获得的及被教师选择的有效的专业发展路径，也发现了大学英语教师所承受的压力与制约其专业成长的因素。专业发展较好的教师是如何解决这些压力、克服这些制约因素的？他们如何在在职教育机会有限的情况下实现自身的专业发展？有没有一些值得大家借鉴的经验与体会？这些问题无法以问卷的调查结果的形式呈现，而以案例为基础的优秀大学英语教师专业发展路径选择的分析将回答这些问题。

第六章　大学英语教师专业发展路径
——基于案例的分析

一、优秀大学英语教师的界定

《国家中长期教育改革和发展规划纲要（2010—2020年）》第十七章指出："教育大计，教师为本。有好的教师，才有好的教育。提高教师地位，维护教师权益，改善教师待遇，使教师成为受人尊重的职业。严格教师资质，提升教师素质，努力造就一支师德高尚、业务精湛、结构合理、充满活力的高素质专业化教师队伍。""有好的外语教师，才能有好的外语教育——这才是发展我国外语教育的硬道理。"（秦秀白，2010）外语教育的专家学者对合格的英语教师与优秀的英语教师素质进行了定义与探讨。

教师素质是指教师在教育活动中所表现出来的决定其教育教学效果、对学生身心发展有直接且显著影响的心理品质的总和。唐松林等（2000）提出了认知结构、专业精神与教育能力三位一体的教师素质结构，其中教师的认知结构起导向和支配作用，专业精神起动力作用，教育能力起保障作用，三者彼此联系、相互影响、相互制约、相互渗透，形成一个有机整体。国外有学者（Davies et al.，2000）认为成功的外语教师具有以下特点：外语的实际使用能力，不仅仅是对语法的了解；在课堂上大部分时间都讲外语，初学者课堂除外；主要考虑学生的实践，而不是教师的讲解；安排时间进行真正具有交际意义的活动，不仅仅练习语言形式；把教学重点放在学生的需求上，而不是仅仅完成教学任务。这与国内有学者（束定芳 等，1996）提出的合格外语教师的标准基本一致：好的性格；良好的外语基本功；广博的知识，包括语言学、教育学、心理学知识等；良好的课堂控制能力及良好的教学方法。

还有研究者认为，"一名合格的外语教师，必须具备一名任何普通教师所必须具备的基本素质，还必须具备一名语言教师所应具备的专门素质，更应具备适应外语教学这一特殊学科的专门素质”（张逸岗 等，1996）。周燕（2002）认为英语教师素质包含扎实的语言基本功，对现代教育理念的理解，对应用语言学、教育心理学和课堂教学管理的基本把握，以及调动学生学习兴趣和培养其自主训练的能力。还有研究者认为传统意义上的英语教师必须具备3方面的素质：英语学科的知识，即专业技能（能教）；教育专业知识，即教学技术（会教）；教育专业精神，即师德（愿教）（张正东 等，2003）。一项全国性问卷调查的结果显示，广大教师认为合格的英语教师“最重要的是语言基本功，其次是教学效果好和科研能力较强，然后才是能理论联系实际、有合作精神及责任感等”（刘润清 等，2003）。刘润清（2004）还指出，外语教师素质包括流利、地道、规范的英文，广泛的知识面，普通语言学和应用语言学理论，科研能力，解决问题的能力和爱学生。李观仪（2005）也认为合格的英语教师“首先必须有坚实的英语基础，有良好的听说读写技能。最基础的准确流利的语音语调、全面的语法知识、一定量的词汇、应付自如的听说读写技能是最根本的要求”。

优秀教师应该具备的素质，比合格教师的标准更高一些。叶澜等（2001）认为理想的未来教师应具备“对人类的热爱和博大的胸怀，对学生成长的关怀和敬业奉献的崇高精神，良好的文化素养，复合的知识结构，在富有时代精神和科学性的教育理念指导下的教育能力和研究能力，在实践中凝聚生成的教育智慧”。

一项大学英语优秀教师素质调查报告的结果显示，“专业知识丰富、教学方法灵活、幽默开朗、思想活跃、有责任心、善于与学生交流、能做学生良师益友的教师最受学生欢迎；而专业知识扎实、爱岗敬业、责任心强、科研能力强、水平高的教师最受领导欢迎”（张宜 等，2003）。另一项以全国范围内优秀英语教师为调查对象的研究显示，优秀英语教师应具备以下素质：具备熟练的英语口语运用能力、扎实的英语语言及其运用知识、宽广的知识面；善于营造能够激发学习兴趣和气氛和睦的课堂学习环境；善于抓住时机因势利导和鼓励学生；了解学生需求并善于根据学生需求衡量、确定和调整规定的教学内容；有明确的教学目标并善于根据目标组织教学活动；善于根据学生随时出现的需求及时调整教学；善于挖掘教学内容的人文内涵；善于以准确、流利为目标组织语言基本功训练；善于在课堂上抓住契机为学生创造学习机会；善于培养学生的学习能力和在学习方法上引导学生；善于抓住机会增进学生对英语语言及其运用体系的了解；明确自己的教学在整体课程中的位置（吴一安，2005）。

一项以当代中国35位著名外语教育家的传记为样本的研究，探究出的优秀英语教师的标准为：能使学生全身心地投入有效的学习；能奖励那些达到预期学习目标的学生；能促进师生之间、生生之间的交流；能传达对学生学习的期望；能根据不同的任务设计教学背景，使学习时间最大化（陆忆松 等，2008）。另一项对老一代优秀教师素质的调查发现，“英语老师首先要英语好，这是老教师们的共识”，“老一代中国优秀高校英语教师更加注重作为教师首先必须具备的人格条件。一名教师只有具备了良好的道德和情感修养，他才会有无穷的智慧和动力去完善教师素质的其他内涵。这样的顺序清晰地体现了我国传统教育中的‘以德化人’的理念”（史耕山 等，2009）。

本研究中对访谈教师采取强度抽样的原则，依据定量研究的结果，抽取了具有较高信息密度和强度的个案，目的是了解在这样一个具有密集、丰富信息的案例中，教师的专业发展究竟呈现出什么样的状况，以及在面对困境与不利因素时个体是怎样实现自身的专业发展的。本研究以优秀教师的标准为选拔基准，以教师的教科研成果与学生的评教作为选择教师的依据，最终选择了不同教龄段的教师A、教师B与教师C作为研究对象。这三位教师不仅有较为丰富的教科研成果，学生的评教（评教内容与专家所定义的优秀教师应该具备的素质基本吻合）成绩也名列前茅，是公认的优秀教师。此外，这三位教师较易沟通，对本研究表现出较为浓厚的兴趣，并具有很强的合作精神，有利于获取较为完备且真实的材料，保证了本研究的意义。本研究从被研究教师的角度出发，在行文中以字母代替教师的真实姓名，同时希望对本研究有所了解的人对本研究的研究对象也能够善意对待。案例研究除包含教师的相关情况介绍外，还包括影响教师专业成长路径选择的个人因素、教学实践情境因素、环境因素等内容。

二、案例研究对象情况介绍

（一）教师A情况

A教师是一位“80后”女性，讲师、硕士，自2003年工作以来一直从事大学英语教学，并兼任学校的对外汉语教师。自参加工作以来，A 教师积极参加各类各级讲课比赛，均获殊荣，在“外教社杯全国高校外语教学大赛”中更是获得了省赛区一等奖的好名次。在 A 教师的鼓励下，学生也积极参与各类比赛，并取得了好成绩，A 教师也因此被评为优秀指导教师。在教学中取得丰硕成果的同时，A 教师积极从事教学研究，主持市厅级课题，参与省部级课题的研究，并发表了相关学术文章。

（二）教师 B 情况

B 教师是一位“70 后”男性，副教授，博士在读。B 教师是较为优秀的教学与科研并重的大学英语教师，多次获得校教学质量成果奖，曾获得校优秀教师称号。在教学上取得成绩的同时，B 教师也取得了较为丰硕的科研成果，主持省部级、市厅级、校级课题，参与多项课题研究，合著专著，编写教材，并在省级以上刊物（含外语类核心期刊）上发表论文数篇。其中合著的专著还获得了省级与市厅级的奖项。

（三）教师 C 情况

C 教师是一位“60 后”女性，教授、博士、硕导、学院的学科带头人。C 教师多次获得教学成果奖、高等教育科学研究成果奖与哲学社会科学研究成果奖。C 教师主持多项各级各类科研项目，在 CSSCI 等核心期刊发表论文数篇，所著专著对大学英语课程实施相关要素均提供了借鉴，深受同行与专家的好评，且荣获多个奖项。因科研成果丰硕，C 教师还被出版社与杂志特聘为编审。

三、不同因素下的案例教师专业发展路径选择

（一）个人因素

本研究中对于影响大学英语教师专业成长路径选择的个人因素的探究，主要聚焦于问卷中所调查涉及的及与教师专业发展成长密切相关、访谈教师认为影响最大且相关研究涉及较少的两个方面：工作—家庭冲突与重要他人影响。

1. 工作—家庭的冲突

工作—家庭冲突是一种角色间的冲突，是一个人在无法平衡工作和家

庭两种角色时所产生的压力（Kahn，1964）。工作和家庭两种角色都有自己的需求，这种需求存在不可调和性，满足一种角色就会使得另外一种角色的需求很难得到满足；角色需求源自组织和家庭成员的期望及个体对待工作和家庭的态度。当个人的时间和精力不足以满足工作和家庭两个角色的需求时，就会产生工作—家庭冲突（Greenhaus et al.，1985）。问卷调查显示，被调查的教师中有56.4%的教师认同家庭对自己追求专业发展的支持，但有34.2%的教师未明确表态，还有9.4%不同意或完全不同意，可见，工作和家庭间的冲突还是较为明显的。A教师的叙述也许能更好地诠释调查结果：

> 家庭成员是比较支持自身专业和学科发展。可当有冲突时，只能选择照顾家庭为首。在生二孩之前，对工作充满了憧憬与渴望，觉得自己还是有能力实现诸多想法的。生了二孩之后（至少是目前）对工作有点力不从心。家里老人不能很好地照顾小孩子；大女儿刚步入小学，学习成绩与各种才艺学习都需要耗费精力去监管；自身身体也还没有完全恢复；老人年纪大了需要自己去照顾；等等。这些事都牵扯了自己很多精力，很多事情只能勉强应付。特别是去年家人生病住院，需要有人照顾，除了上课，基本所有时间都在医院帮忙陪护。

对于A教师而言，工作—家庭的冲突体现在对工作的“憧憬与渴望”与“生孩子”“照顾家人”的矛盾上。在传统的家庭角色定位中，女性生孩子、照顾孩子、照顾丈夫和长辈天经地义，这也是女性被认为在家庭中存在意义的重要组成部分，尤其是现在“全面二孩”政策实施，无论家中长辈、丈夫，甚至A教师本人都希望有第二个孩子，但由于缺乏长辈的帮助，抚养孩子的大部分责任就得由A教师自己承担，她的工作—家庭矛盾也变得更加尖锐。

对于B教师而言，工作—家庭的冲突主要体现在夫妻双方在收入上的不均衡：

> 虽然现在学校实行了绩效工资，工资水平与以前相比有了提升。但是工资水平的高低不仅和职称相关，还和职称级档相关，我虽然是副教授，但是副教授的低档。在我们学校，副教授的低档工资比讲师高档只多几百块钱，和教授的低档相差又有2000

元左右。而且我爱人的工资比我还高。按理男人应该是家庭的经济支柱，可我收入却比不上她。

解决工作—家庭冲突的策略有组织干预与个人应对两种。

组织干预策略是指组织通过福利和支持项目来帮助员工缓解工作家庭冲突，这类项目又被称为“家庭友好项目”，这种项目具体又可分为3种：第一，请假。减少工作时间来照顾家庭，相关政策和福利包括度假、儿童保育、产假等。第二，弹性工作安排。在不减少周平均工作时间的情况下，让员工在工作时间安排上具有更多弹性的政策，包含弹性工作时间、远程工作等。第三，工作场所社会支持。对有孩子的员工提供工作场所社会支持的政策，从而使得员工不再担心自己不在时对孩子的照顾问题，包含在职和脱岗儿童保育和教育项目等。研究表明，实施“家庭友好项目”能够提高员工士气和生产率，并且能帮助吸引杰出的员工（Glass et al.，2002）。

在个人应对策略上，Hall（1972）提出3类：一是结构上的角色再定义，即改变其他人对自己外在的、结构上的期望，使其与自己的兴趣目标更一致。例如，与雇主或家人沟通期望，重新分配或分析角色任务等。二是个人的角色再定义，指改变自己对所承担的角色需求的知觉。角色知觉指“一个人对于自己在某种环境中应该做出什么样的行为反应的认识”（斯蒂芬，1997）。与结构上的角色再定义不同，它所改变的是对期望的知觉，而不是期望本身。例如，设定优先权，确保能够满足特定的需求；或者认为冲突是不可避免的，没有办法减轻，只能忍受并期望其会随着时间而降低。个人的角色再定义如果不能与结构上的角色再定义相结合，就更像一个防御过程，而不是一个应对过程。三是反应性的角色行为，指仅仅通过角色行为来试图提高角色绩效，从而更好地满足所有的角色需求，反应既可能是积极的也可能是消极的。这种应对的内在假设为个人面临的角色需求是不可改变的，个人的主要任务是寻找方法来满足它们，不是试图去解决冲突，而是提高自己满足所有角色需求的能力。

张伶（2007）在我国高校教师工作—家庭冲突的研究中得出4个结论：个人应对策略种类多；个人采取的措施普遍无效；组织干预缺乏；工作日灵活性对高校教师群体不适用。总而言之，工作—家庭冲突是高校教师面临的重要问题，多数人因为面临多重角色（父母、儿女和教师）的需求而感到倦怠，甚至产生罪恶感；很多人降低了自己的职业生涯和生活方式的期望，并且谋取其他人的帮助（家人、保姆和家庭教师）。很少有人组织讨论降低工作—家庭冲突的措施（张伶，2007）。

在无法寻求组织干预的情况下，为了解决工作—家庭的冲突，A 教师与 B 教师分别采取了不同的个人应对策略。

> 有时想想，我是女的，拥有大学教师这样一份让不少人羡慕的工作，既然已经成家了，又有两个孩子要带，老人年纪大了，要不就像其他人（同事）那样上完课就回家带孩子、照顾家里算了。可是，最终还是过不了心里的那道坎，我就和老公商量请了个脾性好的保姆，帮助分担家务，偶尔带孩子，照顾一下老人。同时，我调整了自己的计划。原先我打算直接考博来让自己得到较为全面的提升，现在既然因为孩子小，没法脱产出去读博，那我就自己在家抽空多读一些和现在教学直接相关的期刊、书籍来提升自己。阅读期刊的时候我发现，有一些文章是我们教师对自己课堂教学的反思，而且这类研究目前做得好的还不是很多。现在我也随身带了小本子随时记录授课感想，每天回家还会翻看一遍，把重要的事情再仔细想想，分析分析，把事情与想法写成教学日记，作为自己研究的素材。这样做时间虽不是很长，感觉还不错，尤其是有些问题能找到相关理论并能结合理论来解释的时候，还是很有成就感的。
>
> ——A 教师

> 虽然我爱人不说我工资比她低的事，但我自己觉得自己是男人，还是得承担起更多的家庭经济责任。我自己把学校评职称的文件仔细学习了，对照条件看看，觉得自己努力一下也不是达不到。我先是给自己设定了考博的目标，平时还特别关注自己研究领域的学术会议，积极参加会议。在和别人不断交流的过程中，原来是听别人说，现在是自己感受，我发现，咱们文科人因为学科的特点，大多数人喜欢自己做研究，很少做团队。但是我有一个好朋友是理工科的老师，他们的教学和研究都是团队进行的，而且成果很多。这点让我挺受启发的，我自己也将几个关系好且都有所追求的同事聚在一起，建了个教学研究团队，我们不仅讨论教学问题，还探讨研究中的问题，一个人写课题书的时候，大家都给他建议，效果还真不错。现在我们团队的老师，教学奖也

有，科研项目也有，论文也越写越有心得，大家都觉得很有盼头呢。

——B 教师

在面对工作—家庭冲突时，A 教师和 B 教师都只能采取个人应对策略。A 教师通过雇佣保姆来减轻家庭家务负担，通过调整规划、改变专业发展路径来实现专业成长目的。A 教师原先认定考博是最能实现专业发展的路径，但现实决定考博行不通，经过几番纠结，改为选择阅读学术期刊、书籍，反思教学实践，撰写教学日志，进行行动研究等专业发展路径来提升自己，并在其中获得了很明显的成就感。B 教师原先想通过自己读博、参加学术会议等“单兵作战”的路径来完成通过职称评审、提高工资水平以提高家庭地位的目的，但理工科教师“团队作战”的成功给他以启示，他建立了合作教学与研究的共同体，在取得丰硕的教学与研究成果的同时，提高了团队成员的研究兴趣。大学英语教师群体中大多数是女性教师，她们和 A 教师一样面临着结婚生子、抚养孩子、赡养老人、承担家务的重担，但个人的专业成长又不可忽视，因工作—家庭产生的冲突不可避免，A 教师的个人解决策略与专业发展规划的调整，以及以“教学日志”“反思”“行动研究”作为专业发展路径的选择，为处于同等境况女教师提供了很好的借鉴。大学英语教师中男教师的比例虽没有女教师高，但 B 教师的心理也是男教师的心声，B 教师建立教师专业发展“共同体”的成功解决方案，无疑值得男教师学习。

2. 重要他人的影响

“重要他人”的概念最早由美国精神病学家 Harry Stack Sullivan 于 1953 年提出，指个体自我发展，尤其是儿童时期有重要影响的人或群体，即对个体自我发展和行为习得、生活方式和价值观的形成等方面有重要影响的父母、教师、受崇拜的人物及同辈群体（Sullivan，1953）。家庭与学校都是儿童社会化的重要场所。在中国尊师重教的文化氛围里，教师产生的影响不可忽视。

A 教师认为自己自由的授课风格及教学内容的选择都深受高中英语老师的影响：

我的学生时代主要是高中的时候受老师影响比较深，因为高中时候有一位英语老师，他也是我的班主任，教了我们 3 年。我觉得他教学的最大特点之一是授课风格比较自由，同时比较喜欢引入当时刚刚发生的新闻或者比较新的歌曲等来补充他的教学内容，我觉得这点对我的影响还是比较深的。所以现在我也会这样做，就是将一些新闻、当时发生的重大事件的介绍，以及一些歌曲或重要人物的一些故事等，引入我的教学当中。除此之外，他的那种自由的教学风格对我影响也是比较大的。

B 教师大学时代的精读老师严厉的授课风格、广博的知识，让他受益匪浅：

大学一、二年级的精读老师是我们英语系的主任。刚进学校的时候就听师兄师姐讲，老师上课不苟言笑，对学生要求非常严格，让我们做好心理准备。老师严格对女生来说无所谓，因为女学生大多比较听老师的话，学习也很用功，而且相对于男生而言，女生学语言似乎更占优势，所以无论老师布置什么样的任务或做什么样的测试，女生普遍遥遥领先，在课堂上也如鱼得水，深得老师喜欢。而男生的状况就比较糟糕，虽然书面的作业能按时交上，课堂上的问题却很少有人能回答出来，课堂上暂时的冷场和老师透过镜片看我们的眼神让我们极具压力，以致每次上课前我们都早早占了教室最后几排的座位。女生越来越喜欢老师，男生越来越怕老师，不仅仅是因为她的严厉，更主要的是她知识很广博，她的课堂更像是英美文化的拓展课，不仅满足了我们对以英语为母语的国家的好奇，更是大大拓宽了我们的知识面。我现在在自己的教学中也鼓励同学们拓宽知识视野，并结合自己的学习体会向同学们推荐相关阅读书目，建议他们设定最低课外阅读量并完成一定字数的读书笔记。

C 教师在教学初期深受学生时代的经历与感受的影响，尤其是老师针对学生特点的表扬更使她终身受益：

我学生时代的经历与感受对我教学初期的影响是比较大的。那时候会有意无意地模仿自己的老师，回想是怎么教我们的，用他的方式来教我的学生。还有一条，可能是一种潜在的影响，我们那位老师有个特点就是发现每个人的特点然后加以表扬。我觉得班上的同学对于这一点都蛮受益的。可能我在教学中一直到现在依然在用着这一条吧。

无论是A教师认为自己自由的授课风格及教学内容的选择都深受高中英语老师的影响，B教师大学时代的精读老师严厉的授课风格、广博的知识让他受益匪浅，还是C教师在教学初期深受学生时代的经历与感受的影响，尤其是老师针对学生特点的表扬使她终身受益，都说明模仿在学生阶段对自己产生影响的老师是他们最初选择的专业发展路径。可见，教师在选择专业发展路径时，并不是完全靠分析来进行的，尤其是在教学实践情境中对自己老师的模仿更是一种无意识性的行为，完全源于当初老师对他们产生的影响。

教师的实践教学经验也并不是从其教师生涯开始的那一刻而开始积累的。他们早在学生时代就已经以学生的身份通过对课堂这一具体而又真实的教学情境的参与，进行着潜在地、无意识地体验学习。生命哲学家狄尔泰（转引自邹进，1992）认为，体验是生命存在的一种方式，体验不是一种外在的、形式性的东西，它是一种内在、独有、发自内心的，和生命、生存相联系的行为，是对生命、对人生、对生活的感发和体悟。生命是一种不可抑制的永恒的冲动，它处于不断生成的流变之中，人们不能用抽象的概念来表达，只能依据内在的体验加以把握，体验是生命自身的直接经验，在体验中，体验者所感受到的是一个凝聚着的、统一的感知整体，这种感知是和人的生命、个体的生活紧密联系在一起的，只有体验才能把握生命，因为生命存在于体验表达的本质中。伽达默尔（1994）认为，“如果某个东西不仅被经历过，而且它的经历存在还获得一种使自身具有继续存在意义的特征，那么这种东西就属于体验”。可见，“经历”是体验学习的首要特征，而且这种亲身经历能让主体获得某种理解和感悟，对主体产生积极、持续而又深远的影响。

教师在学生时代，在课堂这一真实的情境中，将授课教师的教学风格、教学方法、教学态度、教学内容、教学节奏、对课堂的驾驭能力、对学生的影响力等，无意间会通过亲身经历都纳入自己的大脑之中，成为自身经历的一部分，再经过辨别或比较（judgement）将对环境条件的观察所得与经验（knowledge）相结合并进行比较判断，看它们之间什么更有价值，在过去类似情境中曾经发生的有关的知识，即经验，这些经验部分来自于个体自身的回忆，部分是通过识别大量的他人经历过的信息、建议和教训等方面来获得（库伯，2008）。这一脑力操作过程形成对这些经历的理解与感悟，并成为日后教师实践性知识的一部分，且对教师，尤其是新手教师日后的教学产生较深的影响。因此，当教师被问及为何喜欢某种具体的教学方法时，“他们通常摆出方法选择的证据，例如，参照自己的转变经历，某些经历具有积极作用，教师努力让学生仿照去做，或者具有消极作用，教师努力避免学生重蹈覆辙”（Danixolo et al.，转引自Brookfield，2002）。如 Lotie（1975）所说，“所有教师都有过做学生的经历，而且这种经历常常使他们形成关于教学是什么的形象，特别是对那些专业训练不足而从事教师工作的人来说，当年的学生经历强烈地影响着他们知识的形成，即使这些经历并不愉快，因为除此之外他们无所凭借”，模仿自己的老师也是新手教师初上岗时想要站稳讲台并获得专业成长的最主要也是其心目中最可依靠的路径，而且“教师对自己当学生时的记忆常常形成他们对学生的期望和对学生如何学习的感知”（Grossman，1990）。

（二）教学实践情境因素

处于新手的努力生存阶段与处于独立教学主体的发展阶段的大学英语教师，因其对教学实践情境因素的感知和可控能力的不同，对专业发展路径的选择也呈现出明显的差异，最终表现为教师实践性知识积累与丰富程度的不同。

1. 作为新手的努力生存阶段

在教师的职业生涯初期，教学（teach）与学习教学（learn to teach）是两项最主要的任务（Wildman et al.，2015），其中学习教学是新手教师的首要任务。为了实现学会教学，新手教师往往通过“匠才模式”，即“认知学徒制”的专业发展路径来积累与更新自身实践性的知识。那些有经验的教师对新手教师的帮助主要表现为“情境的调节（situational adjustment）、技术指导（technical advice）和情感支持（emotional support）”（Little，1990）。Little（1990）还认为，情感支持能够使新教师感到舒适，专业支持则培养了新教师对教学的原则性理解（principled understanding），帮助他们面对实践中的难题，并将经验教师的教学经验作为自己学习的内容，经验教师是“智慧的化身——丰富的经验使得他们成为敏感的观察（sensitive observation）、机智的评论（astute commentary）及合理的建议（sound service）”。Lotie（1975）的研究表明，普通学校教育和学徒式观察对任何教师的职业生涯都会产生最初的、最重要的影响。

同事当中，我虽然没有听过D老师的课，但是我知道她的言行和教学理念。我个人觉得她应该是比较严谨，同时比较注重多样模式的这样一位老师。除了她之外的印象比较深的应该是E老师吧。她的讲课比赛我没有听过，但是我听过很多对她的评价，然后我个人觉得我们俩风格比较接近，相对来说比较注重启发与“输入”，同时对时事热点及新的资料的使用比较频繁。

——A教师

因为不是英语师范生毕业，所以我觉得自己欠缺的不仅是专业训练，还有很多教育学、教育心理学等方面的知识，所以刚上讲台的时候，我非常紧张。所幸，当时有一位比我早工作几年的F教师，性格热情、大方，乐于助人，每当遇到教学上的问题，我都会去和她探讨，她对问题的独特而有针对性的见解，对我站稳讲台的帮助还是很大的。还有一位是学校为我配备的指导教师G，他是一位教学经验丰富、德高望重的老教师。我原先认为，老教师的教学模式应该比较守旧一些，但是跟他学习之后才发现，在那个电脑还不很普及的年代，他已经比我们这些年轻人更早地借助现代信息技术做一些教学的文字处理和设计了。虽然当时还不像现在这样有多媒体，但他会将一些重要的内容打印出来与学生共享。老教师这种尝试新事物、与时俱进的精神对我的影响还是很大的，它让我在教学中有更多新的想法与做法。

——B教师

我们刚当老师的时候，学校都会给新教师配备一个导师，H老师是我的导师，也是我的同事。她特别会教书，特别有激情，特别会调动师生之间的气氛，而且特别热爱学生，也特别容易激发学生对她的热爱，她对我的影响还是蛮大的。还有一位老师是I老师，就是当我教书大约10年后，我觉得他是一个特征明显的老师，而且他的这种特征不同的人可能会有不同的评价。但是他对我影响最大的是，我以前教书不求甚解，就教书而教书，从他那儿学到的是要“求甚解”，然后就一个点扩展开去有联系地教授某些东西，有意识，有联系，还要“求甚解”。在教学氛围方面我受前一个导师影响比较大，在教学的细节设计方面受这个老教师影响比较多。

——C教师

处于学生时代或处于新手阶段的教师，他们对世界的认识与自我的意识都没有形成较为完整的体系，对课堂的教学实践时常忐忑不安甚至不知如何才能有效组织课堂教学，无疑需要有意识或无意识地借助自身对他人的模仿及对他人的经验的学习，来完成自身学习的社会化过程。如乔治·H·米德（2005）所认为的，在自我意识发展的最初阶段，主体的意识分化成“主我”（I）和“客我”（Me），主体会以“客我”的身份来监督“主我”的活动，使之符合“客我”的需要，实际上“客我”是“一个自己采取的诸多他人的态度的系统组合”，它根据主体所在的社会或环境的要求，来对“主我”进行约束。此时，“个体经验到他的自我本身，并非直接地经验，而是间接地经验，是从同一社会群体其他个体成员的特定观点，或从他所属的整个社会群体的一般观点来看待他的自我的……他首先成为他自己的一个对象，就如其他作为他的对象即在他的经验中的个体一样；而他只有通过在他及其他个体参与的社会环境或经验行为背景中对他自己采取其他个体的态度才能成为他自己的一个对象”。此时，“客我”的身份是观察者，“主我”的身份是被观察者，在借助双重身份将自身的知识与意识不断社会化的过程中，在由学生角色逐步转变为教师角色的过程中，主体不仅学会了“规则意识”与“规则能力”，也学会了按照社会的规则来调节自己的思维与活动，以实现知识的积累与自我意识的发展。教师无论是在学生时代还是初站讲台，在实际的学习或教学过程中，都需要以观察者的身份来观察和审视自己的学习或教学实践活动，并借由不断的实践和反思逐渐形成自己有关学习或教学的观念和意识，掌握在学校、学院、课堂等环境中必须遵循的规则，通过观察、实践、反思加强对这些规则的认识与遵守，这是让他们日后成为熟练教师的保证，是教师实践性知识的重要来源，也是教师想要实现自身专业发展的早期路径。

2. 作为独立教学主体的发展阶段

相关调查（吴一安 等，2007）显示，英语教师职业发展经历了生存阶段（发现、学习、争取站稳讲台，1~2 年）、巩固阶段（逐渐建立信心、掌握教学技能，3~4 年）、提高发展阶段（探索、实验、反思、走向成熟，5 年）。案例中的教师，处于生存阶段时，借助于学生时代的经历与“匠才模式”的专业发展路径，接受了专业场景下真实情境的考验，经历了对教学实践进行思考、整合、决策和反思从而形成实践性知识和教学智慧的过程，学会了“如何整合特定的学生的知识和特定的内容知识从而做出适应特定情境的判断”（Feiman-Nemser，2001），成了能从容面对复杂的教学情境、教学得心应手的独立的教学主体。作为独立教学主体的教师对自身专业发展的阶段有着一定的认识，为了更好地提升教学实践技能、完善知识结构，他们还通过参加专业性比赛、反思与增强反思模式、学习专业理论知识等专业发展途径来实现自身实践性知识的积累与提升，从而顺利实现自身专业成长的目标。

我觉得这个专业发展阶段期提得很好，基本上就是我的那种感觉。也许阶段划分不太明显，但的确存在这样的分段。先是生存阶段，也就是站稳讲台，更关注教学手段、方法、理念等。然后是巩固阶段，对自身教学技能慢慢变得有信心，还通过参与各种比赛来加强自身教学能力。接着是提高阶段，会进一步反思自身教学水平，希望能突破瓶颈，拓宽自身视野，希望能参与到更广阔的平台中，不断探索，再走向成熟。我觉得所经历过的这些阶段，我可能在生存阶段的时间会长一点，反思阶段，我可能会走得慢一点，不像别人一开始就反思，我可能是这几年才反思，然后才会深入思考一些问题。（为了顺利度过各个专业发展阶段，）在方式上主要是钻研教学内容，不满足于课本知识，更多从专业的角度去分析所得文本、学生解题习惯、出题者的出题风格等，慢慢发现自己的专业解读能力得到很大的提高。除此之外，我还看了很多专业书籍，对专业理论知识有了一定的了解，并且有意识地将理论与我的教学实践结合起来思考问题。

——A 教师

想想自己的教学经历，觉得自己的专业发展确实是有这几个阶段。最初的一两年的时间里，因为没有师范专业的学习背景，当时心思主要放在对教学策略的揣摩与对教学形式的不断尝试上。到了巩固阶段，教学的技能与技巧开始变得娴熟起来，教学也似乎变成了一件得心应手的事，与学生及同事的关系也越来越融洽。即便这样，自己也没变得信心满满，可能是因为觉得自己欠缺了理论学习的过程，于是开始翻阅一些专业性的期刊。到了发展阶段，因为有了之前期刊的阅读，开始有意识地思考并总结教学中出现的问题，试着用相关的理论来解释一些教学现象，也在那时开始觉得需要有系统的理论学习才能对教学和自己的成长更有帮助，于是又开始了自己的求学道路。

——B 教师

我觉得这 3 个阶段的划分，至少对我而言还是非常符合的，的确是用了 1 到 2 年的时间想站稳讲台，想不断地修磨自己的教学技能和技巧，试图和学生建立一种友好和有效的学与教的关系。而且其实那一两年也经历了一种反差。第 1 年是信心满满，到了第 2 年有些沮丧，有了黔驴技穷的感觉。这个巩固阶段呢也的确是这样，过了最初的 1 到 2 年之后，因为跟同事之间的交流呀，教学环境呀，包括给他人留好印象的那种心态都慢慢平复了，平复了之后，因为是从学生直接到教师，所以的确是发现了自己的许多不足，包括所谓的语法知识、词汇使用、翻译技能，然后开始学习，在学习的过程中逐渐建立起自信，也的确是用了 3 到 5 年的时间。再往后，因为学校也是有正常的专业发展路径的，比如说评职称可能就是个正常的路径，随着这个评职称路径在慢慢地往前走，势必要走到提高发展阶段，而且你要提高与发展肯定要探索，这种探索不仅是探索自己的教学实践，还要探索自己的教学身份、学术定位，在探索的过程中，势必会有一些成功的东西或失败的东西，对你的成功和失败再进行反思，再去找到比较适合自己的东西，然后不断地学习，这可能不仅仅需要 5 年的时间，可能会持续一生。

——C 教师

教师的教学行动是一种具有道德倾向的、社会性的、需要根据要求进行调整的行动，与教师的感知、理解、反思、判断与决策密切相关。教师的教学活动是一项有着多种因素参与的极为复杂的认识活动，教师的实践性知识就是这种认知活动的重要组成部分。教师对教学目标的设定、对教学内容和教学方法的选择乃至对教学风格的确定等都取决于其对教学实践的反思程度及实践性知识的积累与丰富程度。

我认为，很多时候教学风格和自己的性格、具体教学内容、教学场景（比如讲课比赛时）等相关。而且，我觉得我的教学风格一直处在变化之中。比如，这次参加了外教社的巡讲活动，观摩了很多其他优秀教师的教学实践，体会到了很多不同的教学风格，杂糅中潜在地会改变自己的教学风格。教学方法也因学生而异。学生基础不同，比如基础比较好的学生上课时会更加专心，基础不太好的学生上课时反而容易走神……因此，针对不同的学生情况，需要选择不同的教学方法。虽然有自己比较得心应手的一些教学方法，但遇到具体学生时，还是会做出很多调整。

——A 教师

其实，我觉得一个教师的教学风格、教学方法、教学内容等不应该是固定不变的。理工科的学生脑子比较灵活，但口头表达能力不足，这时，你可能就需要选择能够激发学生表现欲的教学方法。文科的学生活泼、大方，语言的综合能力也较强，这时，你可能就需要在教学内容上添加一些西方的文化知识，并且让他们学会做中西方文化共时或是历时的对比，原先觉得他们可能做的时候会遇到很多困难，也可能做不深入，但等他们做出来的时候，你会感叹学生的潜力真是无限的。所以，我觉得教师的教学风格、教学方法、教学内容等，与“因材施教、分类教学”的原则还是密切相关的。

——B 教师

我觉得自己教学风格的形成，跟 1996—1997 年南大 UB 班（南京大学与美国的 United Board 联合办的研究生课程班）的上学经历特别有关系，在读书的 1 年里，我们经常模仿一些南大优秀教师的课程，其中还模仿了王海啸老师的课程，他当时的那门课程我到现在都还记得，就叫 why I teach，他在上课之初就写了 why I teach，然后点了个冒号，又在“我教书不是因为什么什么”后面打了两个叉。他的那堂观摩课让我开始真正思考自己为什么教学，这样的思考对我真的是产生了一生的影响。我觉得我颇受他的启发和影响，这种影响还表现在做阅读的时候会把信息以图示的形式呈现出来。因为当时王海啸老师给我们开过一门练习课，他给每一个单项练习的课程都设计了各种听说读写译的活动，这门课对我的影响体现在课堂上对课文和练习的处理，可能我受他影响很大，在他那节课的基础上，朝他的那个风格不断地在延续。好像有一个学期像着魔了一样，恨不得把每篇阅读理解都画成图示，然后我把这种阅读理解的处理过程展示给我的学生，学生也自己去画图示，他们也觉得收获特别大，我从学生所画的不同图示中也吸取了很多营养。如果说有一个人对我的教学风格产生过重要影响，那肯定就是他了。

——C 教师

教师在教学实践情境中积累起来的实践性知识是教师作为个体生活在世界之中的个人持续经验的改造、整合与完善的过程。“所谓个人生活在世界之中，就是指生活在一系列的情境之中……它的含义是指个人和各种事物及个人和其他人之间进行着的交互作用。情境和交互作用这两个概念是互不可分的。一种经验往往是个人和当时形成他的环境之间发生作用的产物”（杜威，1991）。随着教师教学经验的不断丰富，实践性知识的大量积累，教师能够对复杂教学情境中的众多不确定因素进行有效的信息选择。有研究表明，课堂教学知识与经验对教师观察和处理课堂信息起着非常重要的作用，专家型教师由于积累了丰富的教学经验，因此对课堂教学情境的观察和解释迅速而准确，而且很少受其他情境因素的干扰（Stader et al.，1990）。这种“智慧的决策”（intelligent decision），取决于教师个人的知识及对知识的应用。教师对关键事物的思考越周全，教学决策越智慧（Fitzgibbons，1999）。

此外，实践性知识作为一种以“判断”为基础的行动性知识，其“行动性”特征表现在两个方面：首先，行动者与世界之间的前对象性接触具有固定的肉体性，行动者社会化了的身体是某种具有结构性潜力的能动知识的载体，而不是一种客体对象。作为行动者的教师，其真正的能动性知识是自己的身体表现出来的知识。教师行动时通常用身体化的方式记录和记忆自己的经验，并通过行动唤起那储藏在身体里的知识。其次，行动意味着问题的解决，问题一旦出现，教师最先的反应就是迅速采取行动解决问题。他们通常将行动过程与研究过程相结合，在行动中考察、探究，而不是先探究再行动。教师的知识蕴含在如何做之中。

去年学院在外地有一个医学英语的培训，安排我和另外几个教师过去上课，我觉得对我来说是个挑战，因为我对医学英语其实并不了解。刚开始我们的教学方法，特别是前 2 周的教学方法真的是局限在字词、句型操练，然后你会发现，医生作为成年人，对英语的接受能力其实要比未成年学生更强，他们的 motivation 也很高，因为单位里面可能各种动机很强，所以对他们来说这些可能远远不够，后来我就在教学过程中，按照我自己的理念引入一些有争议的话题，比如说让他们看了一段 TED 的视频，一个强调对病人的触摸的重要性的视频。对这个视频内容的讲解我采用了讨论的方式（这也是我之前的一个想法），主要内容包括你是否赞成触摸的做法，阐述你的理由，以及猜测（这么做）到底发生了什么样的事情，等等。这样一个讨论活动相对来说既有 prediction 和 guessing，又有 evaluation，还有 expressing ideas 的一个 integrated activity。我发现这样一个讨论活动效果真的很好，以至于到最后接受培训的医生在课堂上全体起立鼓掌，每个人走之前都跑过来与我握手，对我说："A 老师，你讲课讲得非常棒！"在这 2 年的教学当中，我对这次经历的印象非常深，后来我就坚定了一个理念：我可以教给学生并不仅仅是单词，因为单词他们可以自己去查，包括句型、词组等，这些可能仅仅属于 basic knowledge，而且 easily accessible，我更应该给他们一种动力，让他们觉得"我要去了解更多的知识，英语是我的一个媒介，我应该通过它去了解不同的观点，促进我对这个世界，对这个专业，对这个事物的本质的认识"。所以我觉得这个事件对我来说比较重要，并且给我留下了非常深刻的印象，也坚定了我自己的以信息引导、促进激励为主的启发式教学理念。

——A 教师

记得原先上视听说课的时候，我用的是"新视野"的教材，当时觉得那个教材设计得挺好的，它既能让学生在学会更好地用英语进行表达的同时对一些问题进行深入思考，又能和四六级考试有比较好的衔接。按照自己当时的想法，我用心教，学生用心学，用好这套教材，学生不仅应对四六级考试没问题，批判性的思维能力还能有所提高。但真正教下来之后发现并未能实现预期效果。后来我在这套教材里挑出了一些学生在学习过程中感兴趣的题材，又增加了一些反映欧美学生真实生活场景的素材，还邀请了一些来自英语国家的留学生加入课堂。因为学生对国外同龄人的生活经历还是比较好奇的，而且教材里面还呈现了一些中西方文化上的差异，刚开始与留学生讨论这些差异的时候，我们的学生大多比较害羞和不自信，但在留学生和班级里一些胆子较大的学生的带动下，大家都慢慢融入了讨论，学生在这一学期的进步非常明显。一学期课上下来，学生纷纷发短信给我，希望下一学期的视听说课也能这么上。这种尝试也让我很有成就感，更敢于把自己对教学的一些想法、理念应用在实践中，虽然不是每次都非常成功，但每次尝试之后的思考和总结，应该就是自己在教学研究上有所长进的原因吧。

——B 教师

在 2000 年的时候，学校第一次分级教学，在工商学院试点，就是把学生分成 A、B、C 级，然后我是教 A 班，最好的班。工商学院的学生，又是最好的班，那就意味着他们几乎是学校水平最高的班级，教他们心里还是挺有压力的。于是我就去了解学生的喜好，设计课文，好像就是从教那一届学生开始，我有了那种有意识去教好的想法。在此之前我觉得，受学生欢迎都是一些不大实在的印象和自我评价，教了他们之后才会想怎么样才能把书教好，怎么样才能跟学生相处得融洽。跟学生书面沟通的渠道就是在那时建立的，学生每个礼拜会写一些对教学满意或者不满意地方，或对教师的期待；每学期期中老师给学生写一封信。学生给老师写一封信。那一届学生应该是我教书生涯中最为用心的一届学生，学生非常优秀，他们对我也表示了较大的认可，也激发了我想成为一名优秀教师的愿望，可能渴望优秀的想法就是从那个时候才有的。

——C 教师

Little（1995）认为，真正成功的教师总是自主的，因为教师对自己的教学有强烈的责任感，能够通过不断的反思和分析最大限度地对教学过程进行情感和认知的控制。反思是问题解决的一种特殊形式，它不仅涉及一系列概念，也包含其结果，它是一个连贯的观念序列，其排列方式使每个观察者将其后续的观念作为它决定下一步的结果，而且每一个结果又反过来依赖于或指涉它前面的观念（杜威，1991）。外语教师的专业成长是一个长期的、逐渐进步的过程，是在探索性、反思性教学实践中成就的（吴一安，2007）。在案例教师的专业成长过程中，反思是教师专业发展的重要路径，又有超出路径之外的功能，它既是教师实践性知识与专业发展路径实现良性互动的纽带，又是教师做教学研究的基础，还是教师选择其他专业发展路径的前提。

我会经常反思自己的教学。一般会在上完课后，或遇到问题之后反思。比如，我以前认为单词拼写应该是高中时解决的问题，至少一些基本词汇如 true，college 等，大学生不应该有任何问题。可是在实践中发现，很多学生，甚至包括基础很好、高考英语分数很高的学生都会拼错这些单词。在发现学生这些问题后，我就会思考应该通过什么样的方法让学生学会对自己的基础知识，包括词汇、语法等进行自主地巩固、掌握，这样课堂时间就可以更多地用来提高学生的语言综合能力，培养学生的批判性思维。

——A 教师

基本每次上完课我都会再想想课堂上同学们的反应。然后我会思考那些让学生最感兴趣与最不感兴趣的部分，我会思考这些内容是否满足学生的学习需求、学习兴趣，是否对学生具有挑战性，是否与一些教学理念相吻合等问题。我觉得每次经过这样的思考，都让我对教学有更深的认识，对教学理论产生更浓的兴趣，自己的一些教学心得里也开始有越来越多的教学理论，那种感觉真的还是挺美妙的。

——B 教师

在开始从事所谓的教学研究之前，我不大反思自己的教学，教学之后通常是一些直观的情绪，开心或者不太开心。但是开始从事教学研究之后，就会有意识地反思，开始学着反思自己的教学。

——C 教师

反思是帮助教师“获得经验、形成信念、得到感悟”的“一个人内心的对话”（Taggart & Wilson，2008）。这种“对话”能促进知识的获得与行为的改变。优秀大学英语教师比其他教师更早借助反思的力量领会了“从新的眼光来看，教师不能视文化为理所当然，为使其再次产生意义，他必须根据他有所改变的经验，来诠释并重新组织他所看到的事物，他必须有意识地进行探究”（Greene，1973）。随着探究的不断深入，优秀大学英语教师越来越渴望对教学问题做出更理性的解释，也越来越希望将自身的实践性知识升华为具有理论支撑与批判性反思的个人实践理论，此时，通过理论的学习来帮助他们充分利用教学实践情境中的有利因素、规避不利因素就显得尤为重要了，阅读专业性书籍与期刊、学历学位教育等都成了他们提高自身理论素养、实现专业发展的主要路径。在问卷调查中，分别有45.5%和54.8%的教师选择阅读专业性书籍与期刊、学历学位教育作为专业发展的路径。

阅读学术性期刊对语言学理论、教育学理论的学习还是很有作用的。比如，之前的教学活动实践是自发的、无意识、经验型的设计，做的时候你可能不知道你这样做到底符合哪种规律或理论，但在学了相关专业理论之后你会知道这些设计其实是含有一定的教学理念的，而且这个理论基础跟你之前的行为是相 corresponding 的，所以你会更喜欢（去阅读这些理论）。另外就是我个人很喜欢有关话语分析的研究，现在在读朗文的《评析性阅读》这本书。通过对话语分析相关文献的学习，我知道原来语言不仅仅是语言，它更是一种力量，一种手段，能够表达出你的思想，语言学习者通过语言可以控制和掌握更多的权利与利益。得与失，说与不说，说的理由，不说的理由，内在的含义，等等，让我明白语言也不仅仅发生在课堂行为中，更体现在社会的方方面面，与我们的生活、经济、政治、外交等紧密结合。

——A 教师

前面我也讲了，因为我觉得自己在教学上有理论方面的“先天不足”，所以一直还是很想在“后天”补足的。我觉得自己能站稳讲台后，就开始翻阅一些学术性的期刊；等到后来读硕士了，就开始较为系统地阅读应用语言学的一些理论书籍；到了做硕士论文的阶段，又缩小目标开始深入阅读一些与论文主题相关的书籍与期刊。这些书籍与期刊的阅读，让我更深刻地理解了教学的真正含义，也为我做教学研究打下了较为坚实的理论基础。博士阶段的学习更是完善了我的知识结构。

——B 教师

这个专业理论，尤其是一些语言学和教育学理论书籍，有一个阶段还是看了很多，期刊也是每天都会翻一翻看一看的，我觉得它们的作用是非常非常大的。我最大的感触是，当你不接触教学研究时，你会认为教学研究一文不值，但是当你切切实实地进行教学研究之后，就会发现，如果没有教学研究，你的教学的价值，是教学本身，而不是你作为一个教师赋予它的。所以我觉得，作为教师，不管你以什么目的为前提，还是要多多看这些书的。我越来越体会到，理论指导实践真的不是虚的，没有理论的实践，才是有点可怕的东西。

——C 教师

相较于对专业书籍与期刊的阅读，学位教育对优秀大学英语教师而言更是系统学习教育教学理论的极佳途径。“最有自主性的人从社会中继承的东西远远多于他自己形成的东西”（迪尔登，1993）。传递人类文明的精髓是学校教育的重要职责。这种文明的传承作用不仅加快了人类文明的进程，也丰富并扩大了人们的生活空间与心理空间。蕴藏在每个人身上的财富是我们应对变革最可信赖的资源。教育正应该是一项用人类既有经验与知识帮助学习者拓宽视野，增加见识，提高判断、选择能力，增强勇气，保持对世界的热爱、责任、好奇和探究，不断发现、发挥和加强蕴藏于自身的创造潜力的事业，换言之，教育应该是一项助人把握命运的事业（雅克·德格尔，1996）。在教育这个影响因素庞杂的、直接关涉人的成长的事业中，如果能够借助教育理论的帮助，通过理性思考对矛盾各方及其关系有更深刻的认识，那么，实践者在实践中会表现得更富有张力和成熟（鞠玉翠，2003）。

在读研究生之前，我觉得我的教学都是跟着感觉在走。上了研究生课程之后，我开始慢慢知道一些教学理论，并开始尝试着将这些理论和我的教学进行联系，真的发现原来自己那些下意识选择的教学方法大多还是和一些教学理论相符的，这个发现让我觉得教学研究可能并不是像我原先想的那么遥不可及，可能我还是可以学着做些教学研究的。有了研究生的学习经历，我现在就更想去了解外面的世界，特别希望能考上上外的博士生。我觉得上外它可能不仅仅能给求学者提供一个学校，一个导师，可能更多地是一种理念，一种人与人之间的 interpersonal relationship 带来的那一种不同的感觉。它的人文氛围，很多学者的不同理念的碰撞，等等，都是吸引我的地方，让我觉得我的专业能力能够在这样的一个环境中得到一个提升。

——A 教师

我觉得不论是我读硕士研究生时的经历，还是现在读博士的经历，对我个人的专业成长都产生了非常重要的影响。它让我从初时对教学理论的一知半解，到现在对它有较为系统的理解与掌握；它在指导我的教学实践的同时又与其紧密结合，让我的教学研究变得更有深度也更富意义。而且，硕士论文与博士论文撰写的历练过程，不仅让我的研究方向更明确、研究内容更具体，还拓宽了我的研究思路，让我对教学和研究的判断都更加理性。

——B 教师

我觉得我的学位学历教育，对我的专业发展起到的作用还是非常非常大的。首先它逼迫我看了许许多多的书，其次它逼迫我跟学术进行了许多的交流，在这种交流中我既有获取，也有付出。大家读博士学位的时候，你至少会针对一个选题进行一个全方位的研究，在你的职业圈子里面，你肯定会成为这个狭窄方向的一个权威或专家。当你对一个方向进行研读的时候，这对个人的思维、选择、判断都会产生不仅仅是当下拿到学位的那一点点影响，当你把一个学位“啃”下来的时候，你就会发现你的思路真的开阔了，你的判断和选择也比以前更为准确。

——C 教师

海德格尔（2000）在《存在与时间》一书中提出，人类认识世界基本上有两种不同的方式，即本体论的方式与现象学的方式，本体论方式也就是传统的主客二分的方式，把自然事物看成现成在手的状态。“从现象学角度把切近照面的存在者的存在展示出来，这一任务是循着日常在世的线索来进行的。日常在世的存在我们也称之为在世界中与世界内的存在者打交道。这种打交道已经分散在形形式式的诸操劳方式中了。我们已经表明了，最切近的交往方式并非一味地进行觉知的认识，而是操作着的、使用着的操劳——操劳有它自己的‘认识’。现象学首先问的就是在这种操劳中照面的存在者的存在……人以外的一切存在者都是现成已有的东西，是其所是的东西，是已经被规定了的现实。此在则不同……‘此在不是一种仿佛能做这事那事为其附加成分的现成的东西，此在原本就是可能之在。此在总是它所能成为的东西，总是按照它的可能性来在’”。在教师专业发展过程中，“教师”就是可能的、在“操劳”中认识着的“此在”，教师借助于专业发展路径，在“操劳”中产生实践性知识，赋予其意义并与其建立相互依存关系，在体现实践性知识力量的同时，实现自身的可能性的发展。

（三）环境因素

环境是指人生活于其中并影响人的一切外部条件的综合（田慧生，1996）。环境分为宏观、中观和微观 3 个层次。社会环境是宏观环境，不仅社会人群的人生观、价值观等属于这一范畴，教育政策、教学改革与发展趋势、教师培训等也在其中；学校是中观环境，也被称为组织文化环境，它与社会环境一样是一个较为开放的系统，学校特定环境中的人的相互影响与作用，形成了学校的氛围，学校氛围则是对学校成员的价值观念、信念、道德规范、态度和行为等产生潜移默化影响的心理环境；课堂是微观环境，学生是这一环境中对教师产生最大影响的因素。

弗里曼将“环境知识”作为教师实践性知识的重要组成部分。专门从事教师专业发展研究的克兰迪宁和康奈利也将学校环境、教学环境等纳入对教师研究的范畴之中。

人们发现学校中存在着大量隐性规范力，这些因素既隐藏在物质方面（如建筑物的配置、技术和学习工具等），也隐藏在社会方面（如组织类型、行为模式、力量对比、冲突、紧张气氛、权力和权威等）和“无意识”的方面（Freintet，转引自康永久，2003）。学校环境内部形成的学校氛围以无意识的方式存在着，却对教师产生着实实在在的影响。事实证明，学校的氛围越开放，教师和学生对学校的疏离感就越淡薄（Hartley et al.，1972）。在这一开放的氛围中，教师对自己和学校的效能更自信，并且能够在充分的肯定和鼓励中工作和学习，在学校的关心和支持下发展和成长。但是，如果学校的氛围是封闭的，甚至是窒息的，教师就会对学校产生疏离感或无能为力感，对自己的未来发展不抱多少期望（赵昌木，2011）。与其他教师不同的是，面对不利于自身专业发展的环境，优秀大学英语教师会更加努力地通过校本培训的途径去实现自己的专业成长。

> 我觉得工作氛围其实很能改变一个人，这有一个 sharp comparison，我所在的大外部和英语系的对比真的是非常鲜明。我在

自己的部里开完会，经常会到英语系找一些熟识的同事，基本每次去我都发现他们在对某个主题进行探讨，例如关于文章发表，哪些杂志可能易于发表，哪些杂志可能比较难，有些杂志喜欢什么样的文章、会拒绝什么样的文章，等等。反观我自己的系部，就没有这样一种氛围，大家都是懒懒散散、毫无目标的闲谈，没有这样一个有组织有目的的、长期的、还算不上激励的探讨过程。在我自己的系部里，我基本上感觉不到什么合作。其实，英语系主任刚开始组织大家进行主题研讨的时候很多人反对，有些老师也会说："哎呀，天哪，我们又要开会了，我们又要组织学习了，真是无聊。"但是他们系部主任这样坚持下来了，而且一年之后效果很明显，至少我觉得他们部的人很有向心力，也会忽略掉一些对工作上的不满意，更多的是朝着一个既定的目标去奋斗；而我自己系部的老师不仅没有目标，也没有一个人能站出来引导大家，我就觉得像一盘散沙。没有集体合作与分享的平台，也看不到外面的信息，所以你只能自己瞎摸索，其实你也很难摸索得很好，因为你就生活在这样一个环境当中，也没有人能给你一些 guidance，很难跳出来。其实英语系专题研讨就像是一个工作坊，整个研讨过程是一个教师间相互促进的过程，我自己部里的同事之间就没有这样一个作用。说实话，英语教学也在改革，以后方向怎么样谁也不知道，但有一点，它肯定会存在，只有优秀的人才能适应它，如果说你不想被社会淘汰，比如说在 50 岁的时候下岗，那就只有年轻的时候多奋斗一点，为自己多赚点分。

——A 教师

我们学校原先是一个理工科院校，虽然后来合并了一些学校，成为一所综合院校，但实际上还是以理工为主。学校的政策对我们文科教师的专业发展并不利。因为我们学校一直努力提高自己在全国高校中的排名，制定的科研完成指标与奖励政策、职称评审条件，对文理科教师来说标准是一样的。我们英语本来就是弱势学科，学院又有一百七十八名专职教师，要解决助教到讲师的职称相对容易，但是再从讲师到副教授难度还是很大。可是，想要在高校中生存，学位、职称都是必须过的坎，这就意味着你要比别人付出更多的努力。之前我也说到了，虽然我想达成的目的很实际，包括我自己和几个老师组成的团队刚开始也是奔着评职称的目的去的，事实证明很有成效，而且有更多的老师想要加入我们。有时我也在想，如果学校能有一些导向性的政策鼓励教学团队的建设，在校本培训上多投入点，教师肯定愿意做和自己教学实践相结合的研究，这样不仅教师自己能出成果，对学校整体教学水平的提高肯定也是有利的。

——B 教师

我任职的学校应该是一个氛围相对宽松的学校，没有什么人，也没有什么组织，就是在你成长的过程中，给你非常明确地指出你应该干什么，你不应该干什么，所以我们的工作氛围是非常非常宽松的。关于管理体系吧，因为之前也不太关心这些事情，就觉得按时上下课，改好作业，参加正常的学习，对这个管理体系的认识还是相对模糊的。最近几年才开始有了这种激励的机制，这种激励机制主要是和组织的发展愿景相联系的。校本的培训制度也没有成为制度，可能是出现了机会的时候自己去争取，因为我们所在的组织应该是个庞大的组织，对每个人进行设计可能也不是很现实，但如果学校真有一些措施提倡校本培训，对教师的发展应该会产生帮助的。

——C 教师

教育教学改革与发展趋势对教师专业发展的目标、思想、观念与行为都有着引导的作用。高等教育国际化符合 21 世纪教育的三大发展趋势（终身教育、以学生为中心与教育国际化）。Jane Knight 认为，“高等教育国际化是将‘国际的维度’整合到高等学校的教学、研究和服务等诸项功能中的过程”。因此教师、课程、教学资源、教学管理等具体的培养手段更成为关注的重点，ESP 课程、雅思课程等也成为高校国际化课程的组成部分。ESP 课程即 English for Special Purpose，它既不是单纯的语言教学，也不是单一的专业知识传授，它要求授课教师不仅要具有较高的英语水平，还要具备一定的专业知识，这是对大学英语教师的极大挑战。大学英语教学改革推行多年，真正理解并接受其理念的教师受益匪浅，但可能由于教改理念未能得以充分解读及贯彻落实，大多数教师，包括一些优秀大学英语教师对于大学英语教学改革更深切感受到的是课程变动所带来的生存的压力。此外，大学英语教学改革仍以四六级考试作为评价学生学习效果与教师教学效果的主要依据，这让《大学英语课程教学要求》中培养学生自主学习能力的目的显得较为虚幻，也阻碍了教师实践性知识的有效积累。但挑战总是与机遇并存，阻力也与助力并肩，优秀的大学英语教师感受到教育教学改革带来的压力的同时，也做好了面对挑战的准备。

其实“大学英语教学改革”这个词对我来说可能太宽泛了，可能更多的是我们部门的英语教学变动，特别是课程的变动，比如说本来是每星期 8 节课，变成 4 节课，后来变成 2 节课，这样一个变化也折射出大的英语教学改革，这种变动对我们大多数老师的影响可能更大一点。老师们普遍认为，从长远来讲，课时的削减并不是一件好事情，因为收入会受影响，地位也在受影响，人家会觉得这个 2 节课有和无并没有太大区别，也许以后就没有了，就像有些南京的高校，学生只有 1 年的英语课，这样的话英语老师的生存危机和压力就很大。老师们会担心，我们学院人其实很多，有 200 多人，以后怎么来维持老师们的工作，如何才能生存下来，这都是很大的问题。此外就是多媒体教学，就目前大多数教师对它的利用方式来说，我对它的观点是负面的。有一些主动点的教师会做一些课件，或在出版社的课件上增加一些内容，不过只要教材不变，这样的课件就会被不断地重复使用。还有一些教师就完全按照出版社配备的课件照本宣科。实际上，我觉得目前的多媒体教学不仅没有让教师学会利用现代信息技术来改变传统的教学模式，甚至让不少老师的教学变得更为被动，这对老师们进行教学研究没有起到促进作用，反而有阻碍作用。这么多实际问题的出现，我觉得还是我们未能真正领会改革的精神及改革要求我们在教学中贯彻的理念，还是应该好好了解改革政策制定的初衷。

——A 教师

大学英语教学改革的理念与内容，我还是比较了解的。虽然大学英语改革了这么多年，效果不是那么令人满意，原因可能是考核教师的主要依据还是学生的四六级考试成绩，教师会因此而一如既往地对学生进行应试教育。应试教育的问题不解决，大学英语教学改革想要富有成效还是挺难的。但是，可能真正让大家感受到大学英语教学改革所带来的压力的是大学英语课时数的大幅削减。课时的削减，让教师开始担心自己工作量不满的问题，教师之间也因此有了竞争。出去参加大学英语四六级阅卷与其他学校的老师交流时，不少学校的做法是以教师的学位与职称作为衡量依据，将讲师岗位上10年不能在学位或职称上有所突破的教师，转到后勤岗位，这对教师的冲击还是蛮大的。高等教育国际化，虽然现在对我们还没有产生非常实质的影响，但我觉得，很快它的影响会首先体现在我们的课程设置上。课程设置的变化就会引起教学过程中各因素的变化，教师也就必须改变自己的角色来顺应这样的变化。另外，就是现在大家都在讨论的这个高考英语改革，对高中生的学习生活产生影响，自然也会对我们教师产生影响，因为我觉得，从小学到初中到高中再到大学的教育是紧密联系的，当中的一个教育阶段发生变化，其他阶段都会受到影响的。但不管怎样，我们都必须在困境中求生存，既然我们改变不了政策，那只有让我们自己转变观念，加强学习，满足改革对我们的要求。

——B 教师

我觉得，大的环境，尤其是自己职业发展的中后期，当你的职称、学历都达到一定程度的时候，你的目光肯定放得更开。不像作为助教的时候，你只关注一本书就行了，只关注我这一两个班级就可以了，我觉得这种大的改革趋势，比如国际化，我觉得对个人的影响看似不大，但其实还是非常非常大的，势必会对自己的思维、视野等产生一些影响。我们是学英语的，大家也都期待着学英语的这个群体能够比别人对国际化有更多的理解和实践。我觉得对我的影响可能体现在更多地探究教学的走向可能会是什么、国外同样的课程类型大概是怎样设计的、国际化的概念究竟是什么、有国际化视野的老师应该是什么样的等问题。可能会反思自己知识结构的不足，然后继续去看书，可能在完善自己的知识结构方面还是非常有帮助的。包括大学英语的教学改革，不管社会对它的评价如何，它还是提出了非常非常多的新的理念，以及对新的教学理论的一些尝试，我觉得受这些理念的影响，对那些尝试的探索，对教师的教学生涯还是能产生一个非常正向的推动作用的。

——C 教师

面对教育教学改革产生的压力，大学英语教师也会在校外环境中寻求专业学习的机会。社会的教师培训机构就是社会环境因素中教师想要借助其实现专业发展的路径。优秀大学英语教师因为对专业发展的强烈渴求，比其他教师更希望获得在职教育的机会。但就目前来看，在职教师教育（教师培训与进修）还存在着诸多问题。首先，大学英语教师能够获得的培训机会非常少，即便有培训的机会也多以出版社组织的与教材使用相关的培训为主，真正满足教师专业发展需求的培训很少，一旦获得这样的机会，优秀大学英语教师就会牢牢把握。其次，在传统的观念中，教师教育机构的教育者与研究者被奉为教育教学理论的“专家”，其“权威性”让教师对他们产生了极大的信任与依赖。但教师教育者与研究者并不是在教学实践中“操劳”着的人，而是去情境化、去个人化的、只是掌握着抽象的教育教学理论知识的人，他们传输给教师的是绝对的、客观的、具有普适性的知识，这种教师教育的基本假设是公共知识的获得将导致行为的改变。通过理论的学习及对其谨慎地运用就会产生好的实践，个人获得信息就会将其运用于提高教学表现，个人会按照所学的知识去行动（陈静静，2009）。杜威（1990）认为，“思想、观念不可能以观念的形式从一个人传给另一个人。当一个人把观念告诉别人时，对听到的人来说，不再是观念，而是另一个已知的事实。这种思想交流也许能刺激别人，使他认清问题所在，提出一个类似的观念；也可能使听到的人窒息他理智的兴趣，压制他开始思维的努力。但是，他直接得到的总不能是一个观念。只有当他亲身考虑问题的种种条件，寻求解决问题的方法时，才算真正在思维”。因此，目前教师教育的这种割裂的、僵化的知识传递与吸收方式，忽略了教师作为有思想、有情感且教学经验丰富的教育者的主体性，忽略了教师是将这些理论践行于教学过程的“操劳”着的人的事实，这种简单的说教，即便教师将所学理论烂熟于心，对教学实践也无法产生预期的效果，甚至可能让教师产生“理论无用论”，大大阻碍教师的专业发展。此外，教师教育以讲座形式为主，以假定教师的知识与技能不足作为“培训范式”的依据，培训时间短则两三天，长则一周左右，课程随培训的结束而结束，而没有对培训效果的跟踪与评价。这样的教师教育方式不仅忽略了教师的个体差异，而且缺乏系统性与连续性，无助于教师的专业成长，甚至让教师感觉无所适从。Julian Edge（2011）在《TESOL 中自反性的教师教育者：根基与翅膀》一书中认为，“没有不自主的老师，只有不自主、不反思的教师教育者”，教师教育者应该“通过模仿学会方法，通过应用走向专业，通过理论化走向理性，通过反思走向睿智，通过行动走向务实”。

我参加过一些出版社的暑期培训活动，但这些活动大多和推介教材相关，不过有一次外研社的培训活动对我的影响还是挺深远的。因为那次活动，外研社邀请了国内的几位优秀的专家，在很短的时间内指导我们进行科研实践，我觉得还是很有收获的，印象特别深的是文秋芳老师的培训课，她用文本分析的方法指导我们写作，因为当时还没有读研，对专业理论不了解，虽然当时没有太明白，但事后想想觉得真的很有用。之后，因为学校在推进国际化，国际班需要开设雅思课程，虽然自身已经有一定经验，也听过很多同行的授课，但仍希望学到一些新的知识和方法，因此向学校申请参加此课程中的新东方的雅思高级讲师班。但是这个讲座真的让我非常失望，冲着新东方的招牌去的，可是我们同行 3 位老师都觉得收获非常少。教师不认真、不专业，师资水平差，让我们难以忍受。特别是那位口语和听力老师，在后面的几节课上只顾闲聊。那可是 800 元一节课啊，倒不是说心疼钱，而是就像买东西一样，感觉买的东西远不值这个价格。所以我现在很期待那种实实在在的、专业的、系统的培训课程，比如就科研方法、统计方法、论文写作规范与格式等进行系统的培训，而不是短期的、杂乱的培训。如果是雅思之类的，还是自己钻研更好。在现在培训市场鱼龙混杂的情况下，自己潜心研究，收获要比培训多得多。

——A 教师

工作之后，因为对出版社的暑期培训内容比较了解，所以一直都没向系部申请参加过。自己向学院申请参加过一些其他的培训。那些培训是上午安排一个专家讲一个主题，下午安排另一个专家讲另外一个主题，看似内容丰富，而且说是理论联系实际的讲座，但实际更像是对我们进行理论的宣讲。对于理论的学习，大家在专业性书籍或学术性期刊上学到的，应该更加系统，领会得也更加深入。我觉得，对于那些还没从事教学研究的老师来说，可能听完那些讲座后在教学中会更加迷茫。

——B 教师

参加过一些培训，但我觉得对我人生产生很大影响的就是南大 UB 班 1 年的脱产进修，所有老师都是教育事业或二语习得的专家，然后配合着南大的一些优秀教师，开设了几门理论课，还有一些教学实践课，那是我从业六七年之后第一次思考理论是什么，第一次思考把课程掰开了看是什么，所以我觉得那次进修真的是影响了我一生的一件事情。所以我觉得三五天的进修可能会对你有一个触发，至于能不能推着你往前走，很难说，但是像这样精心设计的一种进修形式，对人是非常非常有帮助的，希望教师能更多地接触到这样一些东西。

——C 教师

在访谈最后，受访教师被问及“如果将影响您专业发展路径选择的因素归类为个人因素、教学实践情境因素、环境因素的话，您觉得该如何对它们产生的影响进行排序？为什么？”三位教师都认为教学实践情境因素产生的影响最大，个人因素次之，环境因素最小。A 教师的访谈内容很好地回答了“为什么”：

我觉得教学实践情境因素产生的影响最大吧。以我的情况看，原先我遇到了很强的工作—家庭的压力，这个属于个人因素吧，但我能够想办法去解决，对我的学习和研究不会有决定性的影响，只是调整学习方式就可以了。但课堂教学可是获得研究素材的地方，即便我有想法还是得借着课堂去实践啊！而且，如果仔细观察体会的话，每次课都会有新发现，每次琢磨这些新发现、想办法解决新问题的过程，都让自己超有成就感！至于教学改革的影响，我觉得只要我能够完善自己的知识结构，提高自己的教学和研究的能力，那都不会产生多大的影响。

本章小结

本章回顾了优秀教师、优秀英语教师的定义，解释了选择优秀大学英语教师作为案例研究对象的原因，并探究了个人因素、教学实践情境因素、环境因素在优秀大学英语教师选择专业发展路径时产生的影响。

优秀大学英语教师与其他教师一样在专业路径的选择上都受到了个人因素、教学实践情境因素与环境因素的影响。在对个人因素的分析上，本研究聚焦于工作—家庭冲突与重要他人影响上：在面临工作—家庭冲突时，A教师将原先考博专业发展的路径调整为阅读学术期刊、书籍，反思教学实践，撰写教学日志，进行行动研究等专业发展路径，以满足专业成长诉求；B教师原先想通过仅与自己个人相关的专业发展路径，如读博、参加学术会议等来达成通过职称评审、提高工资水平以提高家庭地位的目的，但理工科教师教学团队的成功经验让他有了借鉴，建立了合作教学与研究的共同体，这对其专业成长起到了有效的推动作用。在受到重要他人影响方面，三位教师在授课风格、授课内容和对待学生的方式上无不反映出他们在学生时代对教师授课的观摩所受到的影响。

在探讨教学实践情境因素对优秀大学英语专业发展路径选择所产生的影响时，本研究依据教师专业发展的不同阶段进行了分析：新手教师在教学中求生存，为了站稳讲台、适应教师角色，以“匠才模式”和“师徒制”为专业发展的主要路径，在资深教师的帮助与指导下，探索教学过程中的应对策略，不断调整教学信念、态度、行为与方法，通过对自身教学实践的反思获得从事教学工作必备的实践性知识与智慧。在求生存阶段，优秀大学英语教师与其他教师之间的专业成长轨迹并没有体现出明显的差异。但到了成为独立的教学主体阶段，当不少老师满足于得过且过的工作状态时，“反思”作为教师专业发展的专业性词汇已成为优秀教师在谈及自己成长经历的越来越多使用的词汇。“反思”，尤其是“行动中的反思”成为教师专业发展的极为重要的路径，它让教师内隐的、缄默的镶嵌于课堂教学实践中的知识和信念得以外显，大大提高自我意识的同时，缩小了教师的教学行为与教学理念之间的差距。对于优秀教师而言，“反思”不仅仅具有充当专业发展路径的功能，它也是教师专业发展路径与实践性知识实现有效循环互动的桥梁与纽带，让教师的行动研究成为可能，还是教师选择其他专业发展路径的前提与基础。因为不断地反思教学实践中出现的问题，越来越渴望了解这些问题产生的根源与自己凭直觉所选择的教学行为背后的理据，优秀教师以阅读专业性书籍或期刊、学历学位教育等专业发展途径来实现自身的专业成长诉求。专业性书籍、期刊的阅读与学历学位教育对教师对专业性理论的系统学习起着积极的作用，它不仅让教师的教学实践变得更为理性，而且教学与理论的紧密结合，让教师的实践性知识升华成为实践性理论成为可能，进而实现持续的专业发展。

环境对优秀大学英语教师与其他教师的专业发展所产生的作用就像“双刃剑”，优秀大学英语教师既感受到环境中诸多因素所带来的挑战，又感受到了其中的机遇。在其他教师对高等教育国际化与高考英语改革体会不深，对大学英语教学改革认识不足的时候，优秀大学英语教师已经思考并开始做出应对措施。但无论是学校环境的制约还是教育教学改革带来的压力，又或是教师培训项目的不得力，不但没有让优秀大学英语教师止步不前，反而使其更积极主动地去努力实现自身的专业发展。三位教师还一致认为，在选择专业发展路径时，教学实践情境因素产生的影响最大，个人因素次之，环境因素产生的影响最小。

第七章 反思与建议

一、影响因素的再分析

从本研究对案例的分析中，可以看出优秀大学英语教师专业发展的路径选择受到了个人因素、教学实践情境因素与环境因素的影响，这些因素对教师的专业发展也起到了程度不一的作用。

（一）个人因素

由于教师个体生活的环境不同，即便面对相同的组织环境提出相同的专业发展要求，个体的差异性也会使不同的教师选择截然不同的专业发展路径。本研究关于个人因素着重分析了大学英语教师都必须面对且需首要解决的工作—家庭冲突对教师的专业发展及专业发展路径选择产生影响的问题，以及每个教师在专业发展过程中都会受到的重要他人影响的问题。

工作—家庭冲突对教师产生的影响体现在3个维度上：基于时间的冲突、基于压力的冲突和基于行为的冲突。基于时间的冲突指承担一个领域的角色使得实际上不太可能达到另一个领域的要求，或者即使一个人试图满足两个角色的要求，也会对其中一个领域更加关注；基于压力的冲突是指参与一个领域产生的压力便很难满足另外一个领域的需求，这些压力表现为紧张、焦虑、疲劳、沮丧、易怒等；基于行为的冲突是指一个具体的角色行为模式与另一个角色的行为期望不相容（Greenhaus et al.，1985）。案例中，A教师生孩子、抚养孩子、照顾父母的家庭角色的变化，打破了她原先在家庭与工作中角色的平衡，使得原先想借助读博让教师角色变得完善的期望落空。B教师因为其与妻子在经济收入上的差距，与传统“男主外，女主内，男人应该成为家庭的经济支柱”的观念产生了明显的冲突，所以产生了要改变这种状况的压力。

不同的人面对工作—家庭冲突时有不同的应对方式：直接行动，指个体采取具体的行动来缓解压力的解决办法；寻求帮助与直接行动类似，但其指的是与其他人一起采取行动和做出改变；积极思维指个体用乐观的方式管理其认知；逃避或顺从指个体在认知上逃避问题，或者消极地忽略问题。面对工作—家庭冲突，A 教师使用直接行动和寻求帮助的方法来降低家庭与工作的冲突感。她通过和丈夫协商，雇佣保姆来减轻家庭压力，将考博的专业发展路径调整为阅读学术期刊与书籍、反思教学实践、撰写教学日志、进行行动研究等专业发展路径来实现专业成长；B 教师最初仅想通过读博、更多的学术交流来完成职称评审、提高经济收入，但受他人成功经验启示，建立了教学研究团队，取得了骄人的成绩。大学英语教师群体中女性教师居多，大多会面临与 A 教师相同的问题，男教师也难免会有与 B 教师一样的想法，他们面对工作—家庭冲突时选择的个人解决策略与专业发展路径，无疑值得其他教师借鉴。C 教师因为孩子已上大学，老人现在身体状况尚佳，工作—家庭冲突就不如 A 教师与 B 教师那么明显，这也是教学进入成熟期的教师的共同特点。

Kelchtermans 和其同事（1993）在对“关键人物”，即本研究中的“重要他人”进行研究时发现，许多教师都提及在其专业发展过程中有某个人物的影响特别大。这些人物可能是原来师范学校的老师，也可能是指导教师、同事、校长等。教师在最初教学时一般总要自觉或不自觉地选择某一位教师，作为认同的对象和教学行为的基本参照，此后即在此基础上不断改造和更新，中间还可能以新的关键人物代替原来的认同对象，但最终要摆脱关键人物窠臼形成独特的专业结构。在形成自己独特的专业结构之前，教师都是自觉或不自觉地以“学徒式观察”的路径来完成对教学实践知识的早期积累。他们学生时代的记忆常常塑造他们对学生的期望和对学生如何学习的感知，他们学生时代的经历成为他们今后教学实践的重要参考和模仿原型，尤其是优秀教师的教学实践更是在他们的头脑中留下了很多关于教学实践的情境与案例，触动了他们思维的神经，他们或喜欢某位老师不拘一格的授课形式，或崇拜老师渊博的知识，又或感叹老师的睿智通达，这些老师成为他们的“重要他人”，影响了他们教学风格与处事方式的形成。A、B、C 教师的访谈诉说正验证了这一点。

（二）教学实践情境因素

在论及“情境”时，教育家 Dewey（1938）将其与“探究”相联系，并将其限定为“问题情境”，即一种不确定的状态，并认为，不确定的情境的后续发展是情境确定，探究者不是站在问题情境之外的旁观者，而是处于问题之中处理问题的。在他看来，人与“情境”是浑然一体的，人处于“情境”之中，从旁观者的位置走向了情境本身，在这种不确定的情境中，“人”成为中介者，与情境进行反映性对话。通过与情境的互动，人塑造情境，并使自己成为情境的一部分。人所赋予情境的意义就包含着人自身的贡献。教师的教学活动也深深扎根于他们的教学实践情境中，教学实践情境促使教师通过日常教学活动，发挥其作用，并在发现问题、分析问题、解决问题的行动过程中确定意义，在不同的专业发展阶段通过合理选择专业发展路径的方式来促使自己在教学实践情境与文化中形成相关的知识和概念，并在确认意义的基础上建构起个人的理解。

教学实践情境是“情境”的一种特殊表现形式，课堂作为教学实践的发生环境具有以下性质：一是公开性。课堂是大家共享的活动场所，因而是公开的，教师的言行举止都处于学生的视线之中，因此教师的决策对学生的影响是直接而深远的。二是多维性。课堂是多层次和多纬度的，其中充满了各种任务、人物和关系，他们之间保持着一种压力。不同的人，带着不同的目标、爱好、能力共享资源，教师的每个决定都不是单纯的，会带来多重效果。三是即刻性。课堂上的所有情境都等待着教师的处理，每一件事情的改变都可能影响课堂的节奏，因此教师要即刻做出决策。四是共时性。教学中的很多事件都是同时发生的，教师几乎同时要做几件事情，要对多个学生进行反应，因此教师所面临的情境是复杂而迫切的。五是不可预测性。教学中的“事件”接踵而来，常常是以一种“意外”或“惊异”的方式快速呈现的，即使进行了详细的设计，教学也不会完全按“图纸”的设计去建造，而会呈现多种可能性，发生“逆转”甚至“颠覆”，因此教学的下一步往往难以预料。六是历史性。课堂中的师生有一段比较长的相处“历史”，因而形成了一定的因果关系，教师或学生的特定行为往往依赖于之前所发生的特定事件，最初的历史会影响以后的课堂生活，课堂中的实践来源于历史，又影响着课堂的变化方向（Doyle，1986）。

课堂的多变与随意性，决定了教学实践情境的不确定性。作为新手教师，无论他们在教室接受了怎样的职前培训，教学的某些方面的知识只有在工作中才能学到，没有任何大学的课程能够教给新教师如何整合特定的学生知识和特定的内容知识从而做出适应特定情境的判断。真实教学情境的复杂多变，陌生而又难以捉摸，远不是新手教师原先的“猜度”和“假设”，他们的主要任务就是“教学与学习教学”，学会在教学中求生存。A 教师、B 教师和 C 教师正是以“匠才模式”和“师徒制”为专业发展的主要路径，通过学习熟练教师，特别是优秀教师、专家教师的教学经验，从中体会和凝练能够提升自己知识结构的策略和方法，通过与学生的不断互动、不断尝试总结经验的行动过程积累起丰富的教学经验，并在不断的反思—实践—再反思—再实践的检验中，逐渐形成自己的实践性知识。

当优秀大学英语教师成为独立的教学主体时，作为教学社会空间的重要主体之一，他们对于教学实践情境的掌控、驾驭与调节的能力不断提升，面对复杂多变的教学情境，他们不再手足无措，他们学会了利用专业发展路径中最重要也最为有效的路径——反思，与教学实践情境中的各因素进行对话，并在不断对话的过程中加深对教育理念的认识、对教学的理解，并最终形成行之有效的实践知识体系。“反思”作为教师专业发展的不可或缺的路径，还帮助教师将内隐的、缄默的镶嵌于课堂教学实践中的知识和信念显现出来，帮助教师提高自我意识，加强教师教学行为与教学理念的结合。对于优秀教师而言，“反思”实现了教师专业发展路径与实践性知识之间的有效互动，让教师认识到了行动研究的重要性，使得教师在选择其他专业发展路径时变得更为理性。通过对教学实践情境中所出现问题的不断反思，优秀教师越来越渴望了解这些问题的根源所在，以及自己直觉下的教学行为的理据何在，专业性书籍、期刊的阅读与学历学位教育等专业发展路径，帮助教师获得了答案。

（三）环境因素

本研究中的环境是指不包括与教学实践情境因素相关的课堂微环境，是指社会环境与学校这一组织环境。

社会环境因素主要探讨了与教师密切相关的教学改革与为教师提供培训的各级各类教师教育机构等。由政府所主导的教育教学改革，以主流教育教学思想为指导，是教师生活工作宏观环境的重要组成因素，教师生活其中，势必受其影响。一方面，大学英语教学改革使得大学英语教师的职业越来越专业化，大学英语教师面临着越来越严峻的专业化要求形势，教师只有成为教学和科研“共赢”的专业人员才能应对教学改革带来的挑战；另一方面，技术理性对大学英语教师的教学和科研都产生了极大的冲击。技术要求越来越多地加入课堂教学之中，新一轮的教学改革更是提出了传统课堂模式向“基于计算机和课堂”的教学模式的转变，教师的发展空间因为技术理性的控制变得越来越小，大大限制了教师的自主性与创造性的发挥。“科学化”和“技术化”的要求也使得大学英语的科研成果越来越偏离教学工作的性质，教学投入和科研回报的平衡点被打破，教师在专业发展过程中遭遇层层障碍，备受挫折。案例教师虽然认为如果教师能够充分认识、理解、掌握教学改革的理念，会对教师的专业发展产生正向的推动作用。然而，目前教改带来的课时削减的冲击已让大学英语教师乱了阵脚，开始担心饭碗问题，根本无法静心。另外，教学改革的理念在传递的过程中因传递不到位等种种原因，造成了教师在教学实践层面与理念的脱节，这也是 A 教师认为“多媒体教学不仅没有让教师学会利用现代信息技术来改变传统的教学模式，甚至让不少老师的教学变得更为被动，这对老师们进行教学研究没有起到促进作用，反而有阻碍作用”的原因，教师的专业发展与有效路径的选择更是难以企及。

各级各类培训应该是大学英语教师借助外部环境可获得的有效专业发展路径，而目前培训中存在的问题让教师通过参加培训实现专业成长的目的无法实现。大多数的培训都将其培训目标设定为“短时、大量、高效”，无论是培训内容还是培训方式，都深深地印上了客观主义与知识观的痕迹，对理论学习的复杂性未进行充分考虑，反而使得接受培训的教师“只具有重复警句、时髦名词、熟知命题的能力，就沾沾自喜，自以为富有学问，从而把心智涂上一层油漆的外衣，使新思想再也无法进入”（杜威，2015），而忘记了只有将理论应用于教学实践，在教学情境中获取经验，形成实践性知识，才能真正掌握这些符号、规则、理论的意义。这也是案例教师与其他接受过培训的教师一样，觉得教师培训成效不明显的原因所在。

高校对教师的评价机制以“绩效”为导向，重结果轻过程，重科研轻教学，重数量轻质量。在职称的评审中更是采用了“一杆秤”来衡量。这样的评价机制，让作为公共课的大学英语，越来越处于学校学科体系的边缘，不仅远不如理工科，也无法和其他人文社会科学课程相比肩。大学英语的学科性质决定了教学时教师的主要工作内容，然而科研成果又是教师的主要评价指标，这种难以调和的矛盾遏制了他们的专业发展。虽然案例教师认为校本培训是教师专业发展的有效路径，如果学校能提供支持，让教师积极参与校本培训，不仅能帮助教师实现专业成长，也能大大推动学校大学英语的教学水平。

二、本研究概念框架的修正与理论框架的建构

在本研究第三章对“研究的理论框架”的探讨中，通过对前人研究发现的回顾与学习，参照 Clarke 和 Hollingsworth（2002）所提出的专业发展成因关联模型（见图 3-1）、顾佩娅（2009）建构的中国教师学习与发展情景模式（见图 3-2）和徐忆（2014）总结已有研究发现的教师职场学习影响因素（见图 3-3），建立了本研究的大学英语教师专业发展路径概念框架（见图 3-4）。在研究问题与该概念框架的指导下，通过问卷调查与案例分析，不断充实、完善研究框架，并基于主要研究发现调整了本研究的理论框架。

首先，本研究的问卷调查数据和案例教师的访谈结果显示，在影响教师专业发展路径选择的 3 个因素中，教学实践情境因素作用最大，个人因素次之，环境因素则较为间接也较弱。此外，在 A 教师与 B 教师成功解决工作—家庭冲突的策略中可以发现，为了解决冲突，2 位教师均调整并选择了更易于操作、更见成效的专业发展路径，而这种路径的选择又与教学实践密切相关，而且 2 位教师既有教学，又有对教学的研究，一个产生了成就感，一个增强了兴趣，成就感与兴趣又回归到个人因素之列；从 A 教师、B 教师和 C 教师来看，其授课风格、授课内容及对待学生的方式都受到了作为个人因素而存在的重要他人的影响，模仿他们学生时代的老师是他们最初的专业发展路径，经由这一路径而积累的教学上的“第一桶金”又被应用于教师的课堂教学实践之中，并通过教学实践形成了个人风格这一新的个人因素，可见，个人因素与教学实践情境因素之间互相作用，且个人因素被作用的结果更为显性。环境因素作为影响教师专业发展路径选择较弱的因素，无论教师受教育教学改革政策影响还是在学校环境的要求下所选择的专业发展路径，又或是对相关培训机构所组织培训效果的检验，都离不开教学实践情境，都需要教师在实践中验证其有效性。

教学实践情境是对大学英语教师专业发展路径选择影响最大的因素。教师是这一情境中的实践者。舍恩（2007）认为实践者处在情境之中，首先要对情境进行框定，确定目前所处的情境，然后才能知道如何去做；或者将情境与自己的设计相结合，进行行动，从而形成新的情境。这是对实

践者的一种新的反馈和回话，实践者对情境的反馈进行鉴定、评估，如果得到令人满意的结果，则可以按原来的方式继续行动，如果不满意则要重新进行角色与情境的框定，并改变原有的行动策略，继而改变行动结果，更新实践情境。从而形成情境—行动—新情境—反馈—评鉴—重新框定—行动—新情境—反馈这样一个循环，不断地持续下去。其中的“行动”与“反馈”，就是“实践”与“实践性知识”，不同的专业发展路径就是将教师“实践”转变为教师“实践性知识”的桥梁和纽带。

在作为情境特殊表现形式的教学实践情境中，课堂是教学实践发生的微环境，教师、学生是这一环境中的主体，包含教学内容、教学方法等的教学过程是其媒介，目的是在培养学生、促进学生发展的同时实现教师自身的专业成长。作为有思想、有主见、富有创造性的学生，他们不会被动地接受教师的教学设计与教学安排，而是教师在课堂中互动和反馈的对象，且在有意识或无意识之中加入自己的认知成果，这些认识成果可能和教师的认知产生矛盾甚至冲突。因此，“在真实世界的实践工作中，问题并不是以实践者假设的模样出现的，它们总是由令人困惑、苦恼即未确定的问题情景中的林林总总所建构的。为了转变问题发生的不确定情境，实践者必须进行一件事，必须将令人无法处理不易理解的不确定性情境，掌握描述成一个能被理解的情境”（舍恩，2007）。为了解决教学实践情境中出现的问题，教师成为问题答案的探究者，试图通过各种途径寻找到可解决问题的概念或原理，对这些概念、原理的评鉴与反映则取决于教师积累的实践性知识，这个过程正是教师通过与教学实践进行对话、选择专业发展路径、进行实践性知识积累的循环互动的过程。

实践证明，“一切课程的改革必须在课堂上实践，而课堂却是一处独特和变动的环境。教师的效能正从这一环境的适应、改变和创造中显现出来。教学上决定的种种策略并非单纯是本科知识或是教育理论所决定，而是综合教师对多种知识与环境配合下的一种决定。这种配合本身就是一种知识转化的过程。由此而产生的知识也相应地具有持续和流动的特征。所以教师从理论的认知到技巧的实践，当中必须经过与本身所处教学环境相结合的一个过程，过程中需要对实践中种种得失的反思、同伴的提点、分享和学习。整个过程可以理解为教师知识增长的一种模式。教师在面对这种崭新的教学改革工作时，需要的不仅是理论的知识和操作式的教学技巧，更需要从理论知识上所实践得来的那一份体验和经历”（汤才伟，

2005）。如波兰尼所说，“从知识的取得，甚至于‘科学知识’的取得，一步步都需要个人的、默会的估计和评价”。有了人与知识之间的深刻联系，用实践者的知识观来审视教育，也就建立了学校教育与生活世界的密切联系，让教师对教育本身、教育过程、师生角色及外界环境等有更直接而深刻的认识。因此，在对教学实践情境中教师、学生、教学过程及课堂微环境进行反思的基础上所形成的实践性知识，不仅为教学的有效开展奠定了基础，也为教师发现自身不足、调整方法与技能、寻求有效的专业发展路径提供了方向性指导与依据。

根据以上研究发现，本研究修正了概念框架，建构了大学英语教师专业发展路径理论框架，如图 7-1 所示：

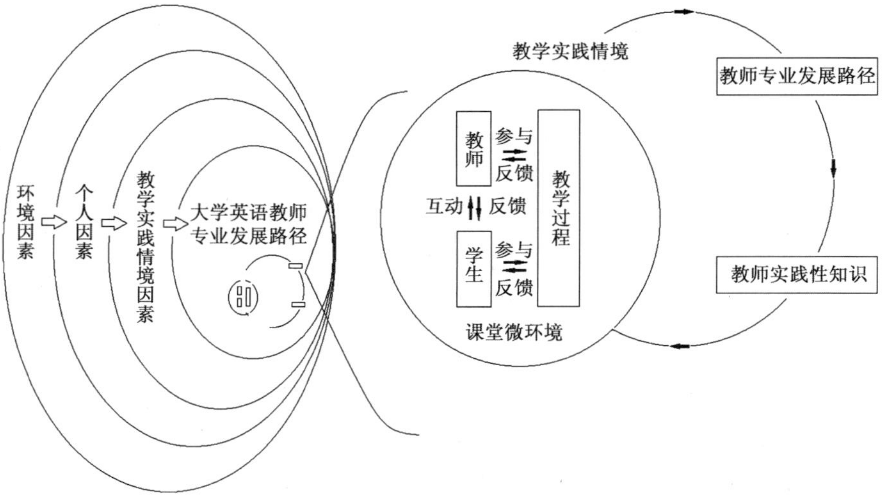

图 7-1　大学英语教师专业发展路径理论框架

三、大学英语教师专业发展路径选择建议

本研究中，对教师所选择的专业发展路径的问卷调查的结果显示，行动研究、反思、校本培训是教师选择最多的 3 种路径，比例分别为 87. 6%、85. 7%、64. 3%。本研究中，对案例教师访谈内容的分析显示，反思（尤其是教学实践的反思）及行动研究贯穿于优秀大学英语教师的专业成长过程，校本培训、教师专业发展“共同体”的构建及教学日志等路径在优秀大学英语教师实现他们的专业诉求的过程中也不可或缺。因而大

学英语教师在专业发展过程中应该优先考虑并选择这些路径。

（一）行动研究

Calhoun（2002）认为，行动研究是教育工作者用来持续地指导和改进自己实践的研究。Kemmis 和 McTaggart（1989）将行动研究定义为“人们在社会环境下所从事的自我反思研究，以便能够提高自己社会或教育实践的合理性和正当性，以及对这些实践与其赖以存在或运作的环境的理解”。Nunan（1992）将行动研究描述为“一种由实践者实施的自我反思研究，旨在解决问题，提高实践水平或促进理解”。两者的定义揭示了行动研究的根本特征，即“首先，它以提高行动质量、改进实际工作为首要目标；其次，它强调研究过程与行动过程相结合，这意味着行动者即研究者”（张莲，2008）。教师被视为一个积极的、探究型的教育职业家，他们可以在整个教学生涯中不断地提出问题，不断地反思，不断地改进教学，从而不断地得到发展。教师只有对自己课堂上的行为进行研究，才能够了解自己是如何进行教学的，了解自己的教学行为对学生的学习和发展具有什么意义，以及反映了什么样的教学理念。而且，教师参与研究还可以帮助自己从日常繁杂的教学工作中解脱出来，在教学的劳动中获得理性的升华和情感上的愉悦，提升自己的精神境界和思维品位（陈向明，2001）。

Chery Mattingly（1991，转引自 Bailey et al.，2009）认为行动研究包括以下重要组成部分：疑问、问题或困惑；与这些疑问、问题、困惑直接相关的资料；对此类资料的某种分析或解释。他还指出，行动研究是由那些最能解决问题、提高实践水平和促进理解的人员组织实施的，也就是说，这些人员是处在研究环境下的参与者，这与先前仅将人视为研究对象的实验传统形成了鲜明的反差与对比，这也是行动研究区别于其他类别研究的重要特征。Chery Mattingly 还对此作了进一步的解释：“行动研究中的研究‘对象’不再是对象，而是变成了自己实践的研究者。与许多研究不同的是，行动研究代表了一种理想化的实践。那些被研究者在检查自己的实践活动时必须有危机意识，能认识到其中存在的严重的问题，他们必须勇于做适当的自我解剖，向同事袒露自我，甚至必须愿意冒险进行改变，并采取新的行动。要是研究‘对象’仅仅是一些对象的话，那么就不存在所谓的行动研究了。”Monica Mingucci（1999）认为“让教师知道研究由哪些部分构成，并告诉他们行动研究与运用已知的技能或实施教师所确信的策略之间的区别，将会对教师的专业化发展产生积极的影响”。

行动研究非常强调教师的“专业地位”，鼓励教师成为持续学习者——无论是在课堂上，还是在他们的实践过程中；强调教师对每天的常规教学应有反思的立场，应积极主动地用钻研的目光去检验自身的教学，以提高教学水平。行动研究正好提供了教师能够采用的专业方式，因为它总是鼓励教师深入观察教学动态，仔细分析学生的行为和互动情况，验证和挑战现有的实践常规，敢于尝试新的教学方法。研究和反思使教师在自己的工作中得以成长并获得自信。同时，行动研究也在一定程度上影响教师的思维技能、自我效能感、与他人分享和交流的意愿及对于变革过程的态度。通过行动研究，教师可以更好地了解自己、学生以及同事，能够决定采取何种持续改进的方式（米尔斯，2010）。一方面，教师针对课堂这一真实情境中的实际问题，进行行动研究，通过有目的且系统地搜集、分析相关材料，设计解决问题的方案，选择合适的教学策略，有效解决实际问题，不断提升自身教学水平，同时学会以一个研究者的眼光从研究者视角审视自己的教学，再借助反思的循环过程来实现实践性知识的品质提升与专业的成长。另一方面，教师成为实践知识的研究者，不仅提高了自我的职业判断力，不断积极改进自身的教学实践，而且其对实践知识的研究所形成的实践理论成果，为同行提供借鉴的同时，成为教师教育者与研究者重要的参考资料，有利于提高教师教育的目的性与实效性，为传统教学理论与实践教学理论之间的融合提供了可能，为教师的可持续性专业发展奠定了基础，为教学改革的顺利实施提供了保障。因此，可以将行动研究融入新教师培养机制和针对有经验教师的职业发展规划中，这样能使行动研究成为推动教师职业生涯可持续发展的动力和助力（米尔斯，2010）。

行动研究实际上就是教师对自身教学经验的一种参与式研究和一种真正的理解，是对教师实践性知识的一种主动展示。通过公开教师知识，可以防止教师知识被遗忘，增加教学的反省品质，突显教师的地位，借助理性的讨论来展现其影响教育政策的力量，可以使教师强化自己的专业自信，从而在专业成长上扮演更加积极的角色，等等（Altrichter et al.，1993）。可见，行动研究是促进教师专业发展的有效途径，它可以提升教师研究、反思和解决问题的能力，进而引起行动或变革（Casanova，1997；Rosaen et al.，1997），而且，教师做行动研究还可以使教师的教学和态度保持活力，降低职业倦怠的可能性（Goswami et al.，转引自 Izzo，

2006)，行动研究的过程还有助于决策的民主性，同时通过参与具有合作性和社会反馈性的合作研究，教师个体也获得了更多的权力和能力（米尔斯，2010）。如苏霍姆林斯基所说（1984），“如果你想让教师的劳动能够给教师带来乐趣，使天天上课不至于变成一种单调乏味的义务，那你就引导每一位教师走上从事研究这条幸福的道路上来”。

（二）反思

教师的反思能力是促进教师自我发展的重要因素之一。Dewey（1933）指出，反思是教育的目标，反思使教学行为具有明确的目的，是促进学习者发展的重要基础。受 Dewey 的反思性教学理论的影响，Wallace（1991）指出，教师的发展意味着变革，但是卓有成效的变革没有反思是相当困难的，他（1998）还提出教师专业行为过程中的反思实践能够为专业能力的提高提供必要的推动力，教师通过实践—反思的循环达到专业的发展。他的这一理论进一步明确了教学反思与发展的关系，以及反思在教师发展中的必要性、重要性和发展性。因此，教师专业发展应该“给教师提供批判地反思自身教学实践的机会及自主形成对学科、教学方法和学生的认识的机会”（Darling-Hammond et al.，1995），反思能力的培养必须成为外语教师教育的核心（Freeman，2002）。

有研究者对范梅南的教学反思水平理论的具体观点进行了总结：一是反思作为行动的调节工具，是一种引导教育理论与研究发现付诸实践的过程。反思的目的很明确，就是把研究发现运用到课程中。知识来源于外部的权威，如教育研究者、学术论文、教育理论等，而不是实际的课程实践，这种知识必须以命题的形式呈现出来，因此是技术化的。反思者希望自己的实践能够与发现一致，对学生的学习产生积极的作用。二是反思作为对不同教学观点在特定背景下的慎思，外部权威仍然是知识的来源之一，但是却需要经过实际教学环境的调节。在这种反思中，经研究而来知识的作用并不是直接指导实践，而是作为改善实践的参照。三是实践者通过对行动情境、对自己作为教师的意向和对习以为常教学假设的重建来进行经验的重建。知识的作用在于促进教学生活的转变（汤才伟，2005）。可见，教学反思能够开发教师的思辨能力与批判态度，鼓励教师研究自己的教学实践，观察自己的课堂行为，评估自己的教学效果，理性解决自身教育教学实践中的问题，使教学与理论研究融为一体，实现教师持续的专业发展（Ryder，2012）。而且，一个真正专业的外语教师是能够对其教学实践进行批判性反思的教师，是能够随时对其教学进行审慎质疑与评价的教师，是具备独立的、理性的思辨能力的教师（Randall et al.，2001）。

因此，一方面，应该转变教师“教学机器”的角色，将课堂教学的掌控权归还教师，让教师的认知发展与专业意识提升成为教师教育的关注核心。当教师对自己的教学行为及其背后的理由进行有意识的审视时，他们需要将自己内隐的、缄默的、镶嵌于课堂教学实践中的知识和信念外显出来，这一过程能够提高教师的自我意识，缩小教育理念与教育行为之间的差距（Walllace，1991；Woods，1996）。教师在对自身教学实践进行批判性反思的基础上，完善教学理念、掌握教学规律、调整教学方法、改进教学行为，从而优化教学质量、提升专业素养，成为主动的教学研究者与知识建构者。教师在对教学反思的过程中不断探究教学行为发生的理据，在分析问题、解决问题的过程中不断发展自身的高阶思维能力，成为培养高素质英语人才的优秀大学英语教师。另一方面，进行反思性教学的教师，在教学实践中对已知理论进行应用与检验，在调整与优化自身教学行为、提高教学效能的同时，通过对教学实践的反思与总结，提升实践经验并将其理论化，实现专业能力的提升与发展。如 Ur（2000）所指出的，任何学习最重要的基础是学习者个人的专业实践，直接从这种实践中获得的知识或从其他来源获得的、经过自身的教学实践证实的知识是最有用的知识。

本研究中对教师成长经历的叙事研究也证明，教师只有对教学实践进行不断地探索、反思，对教学实践有了深刻的理解，才能真正吸纳外在的理论知识，捕捉并活化教师个人的实践知识，进而整合内化形成教师的实践理论。可见，教师学习中最重要的基础是学习者个人的专业实践，教师的学习是在教学实践中实现的（Randall et al.，2001；Johnson，2006），也是在对每日发生于课堂上的教育教学事件的反思中成就的（Ur，2000）。因此，教学反思是教师专业成长过程中必不可少的重要环节。“鼓励教师实施反思性教学、提高教师反思能力，是外语教师教育的重要目标与使命”（Richards，2000）。大学英语教师只有借助反思，才能使外在的理论知识与个人的实践知识进行有效互动，进而让自身的专业成长呈螺旋式上升。

（三）校本培训

教育部基础教育司原副司长朱慕菊（2006）在为《校本教研在行动》一书所做的序言中指出，校本教研，即以校为本的教研，是将教学研究的重心下移到学校，以教学实践中教师所面临的各种具体问题为研究对象，以教师为主体，理论和专业人员共同参与的教研。强调理论指导下的实践性研究，既注重解决实际问题，又保证新课程改革向纵深发展的新的推进策略。从教师教育的角度来看，校本教师培训是“在教育专家的指导下，以教师任职学校为基本培训单位，以提高教师教育教学能力为主要目标，通过教育科研活动来培训全体教师的一种全员性继续教育形式”（刘尧，2001）。与脱产培训相比，校本培训灵活多样、各具特色，展现出几个方面的优势：时间灵活，便于长期连续进行；实践性强，可与多样化的教学实践紧密结合；针对性强，直接体现和关照学校和教师的个性需求；节约时间和金钱，避免旅途劳累或浪费时间（施莉，2002）。各级各类学校不仅“应该对学生的成长负完全和完整的责任……还应该对教师团体在学校中的生活负责，应该对教师的专业发展负责，更应该对教师的可持续发展负责”（康丽颖，2006），而校本教师培训就是“学校自主开展，结合学校教学工作实际，以提高学校教学质量、促进教师专业发展和职业修养为目的的教师在职培训形式”（杨骞，2006）。

校本培训应该注重理论与实践的有机结合。一方面，在校本培训中对相关理论，尤其是现代教育理论的学习，因其对教学实践有着不可或缺的指导作用，应该成为校本培训的重要组成部分。理论的学习能够让教师机智、灵活并具创造性地解决教学实践中的问题。在校本培训过程中，如果仅向教师传授一些具体的教学方法与技能，缺乏对相关理论依据的解释让教师对这些方法与技能进行机械地模仿，教师将无法应对不断变化的教学情境，无法有效解决教学实践中出现的问题。另一方面，理论的学习又必须与教师的教学实践相结合，因为实践是教学的本质特征，脱离了教学实践的理论将是无源之水、无本之木。因此，教师教育者所讲授的理论应该针对具体的教学问题又兼顾教师的实际需求，应该最终落实到实践上，同时讲授理论的过程应该是理论与实践相结合的具体体现。此外，校本教师培训不受制于时间与空间，教师通过灵活多样的方式不断学习，不断分析、反思与探究学校的教学改革与教师专业发展过程中的实际问题，获得可持续专业发展永不枯竭的动力与源泉，不断充实、提高并完善自我，逐步实现专业成长目标。世界银行报告（2006）中有关发展中国家有效与低效的教师培训策略的分析结果，也反映出与传统的教师教育相比，校本教师培训是一种更为合理、更具针对性、更富成效的教师教育方式，如表 7-1 所示：

表 7-1　发展中国家的教师培训策略：有效与低效的比较

（世界银行报告，2006）

较有效的培训策略	成效较低的培训策略
大部分培训在学校进行，受训者在那里进行观察、协助和教学。培训在正式和非正式两种情形下进行	培训主要在大学、师范学校或教育部进行
培训贯穿教师的职业生涯	培训仅是一次性的职前活动
注重实际课堂教学中的教学行为	注重获得证书和文凭
成组或成队的教师一起接受培训	教师单独受训
教师培训的改革是课程教改和其他改革的必要组成部分	教师培训的改革与其他体制改革的尝试相分离
督查体系对好的教学实践予以支持	除非由于处罚性的原因，教师很少接受督导
培训始于由教师提出的学习需求或要求	培训是出于理论上的考量，也可能与教师的需要和要求无关
自主研究和自学至关重要	只认可由教育部或大学传授的知识

但长期以来，教师培训者多以授课的形式，仅向教师传递他们认为“有效”的理论知识与教学技能，既忽视了理论应该与实践相结合的原则，又忽视了教师不仅是经验的拥有者，更是实践性知识建构者的事实。Clair（1998）指出，有效的教师教育应该包含两大因素：一是真实性，即立足学校实际生活；二是“参与性”，即教师应该成为教育活动的积极参与者和主体，而不是外部输入的被动接受者。校本培训就是一种兼顾这两种因素，使教师能够在培训中平等参与、与培训者共同合作、实现其对实践性知识进行能动建构的平台。“从社会民主的角度看，‘参与’意味着：每一个人都具有自给自足的能力，能够解决自己的问题，应该享有平等学习和表达的权利。真正的‘参与’不应该是被动的、被给予的、有物质条件驱使的；而应该是主动自发的、平等的、互动的”（Pretty et al.，1995）。在校本培训中，培训者已不再是传统定义上的“专家”或“标准答案提

供者”，而成了教师知识的提供者，成为“理解教师知识的本质、内涵、结构特点，以教师发展所需要的形式，将这些知识用于教师教育，从而让教师获得对教师知识更多理解”（Verloop，2001，转引自韩刚，2010）的发掘者。校本教师培训的最终目的不是为教师灌输理论知识或传授具体的教学方法、技能，不是“授之以鱼”，而是“授之以渔”，让教师学会将日常的教学实践过程转化为持续的专业学习与成长的过程，让教师成为具有自主学习能力的终身学习者，实现教师自身可持续发展的目标。

（四）教师专业发展“共同体”

斐迪南·滕尼斯（Ferdinand Tonnies，1999）在《共同体与社会》一书中最早提出了“共同体”的概念，他认为“共同体”是建立在有关人员的本能的中意或者习惯制约的适应或者与思想有关的共同记忆之上的，“是一种持久的和真正完善的统一体”。莱夫和温格（2004）将滕尼斯的“共同体”概念引入教育学当中，提出了“实践共同体”的概念，他们认为，共同体意味着对一个活动系统的参与，其中参与者共享理解，知道他们在干什么，以及他们的所作所为在他们的生活中意味着什么，对他们的共同体的意义是什么。从这一定义，我们可以发现，“共同体”意味着其成员有着共同的理想和奋斗的目标，共同参与一个活动系统，共享他们对于该活动系统的理解，这种理解与这一共同体中同伴所进行的活动，以及这一活动对他们生活所产生的意义及对共同体所产生的意义相关。Copper与 Boyd（转引自赵健，2008）在《学校作为合作的学习共同体》一书中指出：“学习共同体的基础，就是合作——为了共同体目标而共同努力、同伴关系、分享的领导、共同发展和共同学习，而非竞争与少数人掌权。”在教师实践性知识与专业发展路径的互动机制中，教师学习共同体的构建，将有利于形成教师间为了共同事业的共同投入，搭建以共同经历为基础的相互交流、学习与合作的平台，通过对教师教学实践问题与困惑的探究、反思与总结，提升教师的专业素养，从而实现教师自主且可持续发展的目标。

学校改革是以教学的创造为核心开展的，推进教学创造的基础则在于建构教师间相互切磋教学、相互学习的“同事性”（collegiality）。可以说，这种做法是内部推进学校改革的必要条件与前提，最终在学校形成作为创造教学的专家而共同成长的“同事性”。但是，无论哪一所学校，这种“同事性”都非常淡薄，具体表现为学校内研修的形式化、缺乏吸引力，教师间缺乏一定的凝聚力，这种“同事性”形成的障碍是教师和学科之间的隔阂（钟启泉，2001）。一方面，一些教师碍于面子，不愿向其他教师讲述自己教学中的困难，认为这样就意味着公开承认自己教学水平低、专业能力不足，甚至表明自己教学中的失败，因此，宁愿在封闭中自己摸索，或索性安于现状；另一方面，由于教师间的相互竞争，为提高自己所教班级的成绩，防止同一学科的其他教师赶超，教师间往往会有所保留，甚至拒绝共享教学材料、信息与资源等（Ur，2000）。教书往往被描述成一种自主孤立、缺乏对话交流、没有群体感、独自挣扎的职业（House，1978，转引自 Fullan，1991）。这种长久的孤独会抑制教师的学习，不但妨碍他们更好地理解教材、学生和他们自己，还限制了他们对知识、学习，甚至对人的理解（Fullan et al.，1992）。

尽管大部分教师意识到教师间合作的意义，然而他们的深层观念中依然存在着明显的竞争意识，他们在各自封闭的教室内进行着教学，不愿意观察和干涉别人的工作，也不愿意被观察、被干涉，教师之间的合作与交流难以真正展开（吴丽荣 等，2011；黄东花，2011）。然而，当教师在工作中遇到麻烦时，最有效的帮助首先来自同事，其次来自管理者和专家（Fullan，1991）。依据现代管理学的观点，同事应该是合作的伙伴，而非陌路人。拉尔夫·斯泰西（Ralph Stacey）指出，“知识永远是一个过程，而且是一个关系性的过程，因此它不可能只是存在于一个个体的大脑中，同时它也是一种可以提取、可以分享的组织资产。知识是一种对话沟通的行为，而学习则会在人们讲话的方式和相互关系模式发生改变时发生”（转引自迈克尔·富兰，2004）。相关研究也表明，“教师任教数月后，其态度与任教学校同事的相似性便已大于与其受教学校的相似性；任教学校显然是比受教学校更具重要影响的教师职业社会化机构，任教学校的校长、同事及学生都是教师职业社会化的重要影响因素”（吴康宁，1998）。如约翰·斯图尔特·密尔在《自由论》中所认为的，一个人能够对一个问题所知的唯一办法是听不同的人对这个问题所提出的不同意见，了解具有不同思维特点的人是如何使用不同的方法来探究这个问题的。所有有智慧的人都是通过这种途径获得其智慧的，人的智力的本质决定了只有这种方法才能使人变得聪明起来。因此每一个教师单位和职业合作体都应该为促进教师发展创造条件，支持其发展，并在其取得成就的过程中扮演重要角色（Fullan，1991）。

教师专业发展“共同体”的构建，一方面，为教师提供了资源共享的机会。教师专业发展“共同体”中的教师不仅可以与同伴交流教育教学技巧，从优秀的教师那里吸取宝贵经验，还可以就教学实践中所遇到的问题与困惑，与同伴进行交流与互动，有效答疑解惑，生成新资源，同时体会理论与实践之间的相互作用与影响，加快专业素质的养成。另一方面，为教师实践性知识的获得搭建了平台。教师在日常教学与科研中积累的实践性知识存在于教师的大脑之中，无法以书本等媒介或在集体培训中呈现，只有通过“共同体”成员之间对教学实践的探讨、反思等才能实现教师经验的交流。如果教师能经常性地获得交流的机会，不仅可以为其他教师提供借鉴，帮助其提高科研水平，而且可使自身取长补短，升华自己的经验，形成实践性知识。“事实上，教师的专业发展是需要实践知识保障的，教师成长和发展的关键在于实践知识的不断丰富和实践智慧的不断提升。实践智慧是缄默的，蕴含于教学实践过程之中，更多地与个体的思想和行动过程保持着一种‘共生’关系；它又是情境性的和个体化的，难以形式化或通过他人的讲授而获得，只能在具体的教育实践中发展和完善”（顾泠沅 等，2003）。

近些年，教育改革不仅是趋势，而且势在必行，无论教师接受与否，改革的意识都逐渐形成，传统的墨守成规的教学观念不断受到冲击，甚至被打破。越来越多的教师意识到，与同事进行合作研究，进行资源共享，科学地分析、思考、探究教学过程中的困难与问题，结成研究共同体，通过相互理解与帮助、鼓励与支持，不仅能大大减少教学中的无用功，提高教学的效率，而且能克服教师单打独斗的弊端，让教师在合作教研的过程中共同进步，进一步改善我们的教育教学环境。

（五）教学日志

教学日志是反思性教学、行动研究，以及其他需要以日志为基本素材的研究搜集资料的重要途径之一，是“获取教学行动信息的手段”（Wallace，2000），是教师进行科学研究的一种方法，用日志方式获取的信息是其他方式所无法替代的（McDonough et al.，1994）。Bartlett（转引自Bailey et al.，2009）认为，虽然我们可以使用录音和录像设备来记录我们的教学，但更好的方法似乎是写作。在写作的过程中，我们不仅学会了观察，而且向反思实践迈出了第一步，但“纯粹的教学事实记录并不一定涉及批判性反思。这样的写作主要还是停留在对过程的描述上，集中于对琐事的记录，而不是对潜在的、深层的观点的挖掘和论述”（Ho et al.，1993）。Bailey 和 Ochsner（1983）是较早对日志研究下定义的：“日志研究是指以第一人称的方式记录第二语言学习、习得或教学的经验。记日志的人可以是一位语言教师或是一位语言学习者，但是日志研究的核心特征在于它的反思性：笔者要对自己的教学经验或学习经验进行研究。因此，他可以分析语言学习或教学的影响因素、语言学习策略与方法，以及记录自己的主观体验和理解——这些都是语言学习经验中被隐藏的、通常是他人无法窥见的部分。”Bailey（2000）还指出，需要在“个人日志中做定期、坦诚的翔实记录，然后分析行为再发生的模式或突出的事件”。可见，教学日志包括两个层次，第一层次是“定期、坦诚”地写教学日志，第二层次是在写教学日志并反复阅读的同时，对资料进行分析，这一过程也被称为“内省分析”（Matsumoto，1987）或“直接分析”（Bailey，1991），而且“只有当日志被分析、处理之后它才变成研究的手段”（McDonough et al.，1994）。

Bailey、Cruits 和 Nunan（2009）选编了 Bailey 和 Ochsner（1983）有关日志研究部分，对简单地记日志和真正的日志研究进行了区分，如图 7-2 所示：

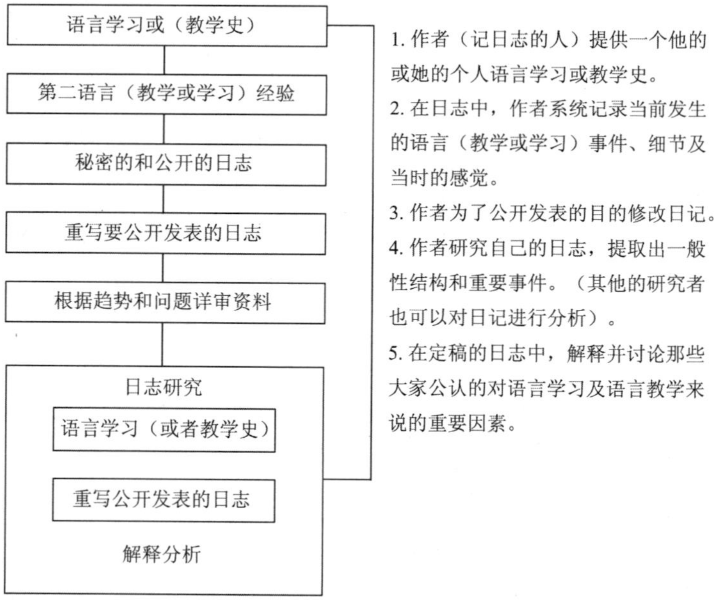

图 7-2　语言学习或教学日志研究

（Bailey et al.，2009；改编自 Bailey et al.，1983）

通过该图我们可以发现，仅是记下自己的教学活动，而没有分析过程，不能称之为日志研究，真正的日志研究除了要对资料进行分析，还要介绍语言学习或教学史。许多教师发现，对自己的日志进行分析，并在一段时间后寻找出固定结构，这种做法非常有效，有些人因此出版了自己的日志研究成果。相关经验也表明，撰写教学日志主要有 4 个方面的优点：清晰明白地表明自己的困惑或问题所在（包括为进一步研究提出假设）；发泄挫败感；阐明自己的态度，记录自己的认识；促进我们的专业发展（一篇教学日志也可以是庆祝自己成功的场所）（Bailey et al.，2009）。对于教师教育者和研究者而言，“通过阅读他们（教师）的日志，分析他们的教学，我可以找出在他们的教学经历中对他们来说最重要的是什么，能够揭示出循环出现的‘文化主旋律’”（Spradley，1980），“没有这个过程，我就可能意识不到一些新教师在职业生涯之初关注的或困扰他们的事情……发现不了他们在教学中发现的有效的教学方法，以及他们因为缺少经验而出现的持续不断的挫折感”（Numrich，1996）。

教师日志，既是一种搜集语言学习与教学经历相关材料的有效方式，也是对具体的材料进行分析的第一步。就像在桌子上重摆凌乱的七巧板，记日志为我们提供了一个反思教学问题的空间（Bailey et al.，1998）。在撰写日志的过程中，教师不仅将凌乱的教学经历变得条理清晰，使具体的教学问题明朗化、简单化，而且能在日志中发现“重复出现的规律”（Murphy-O'Dwyer，1985），对自身的教学进行肯定或依据重复的规律对教学做出相应的改变。“许多从事教学的教师会发现，记日志的兴趣和日志的价值都来自并体现在多种方面”（McDonough，1994）。正如 Ho 和 Richards（1993）所说：“日志写作的目的……在于使教师对教学的认识和反思更上一层楼，这比他们在对教学程序和课程计划的讨论中获得的启发要深得多。”

本章小结

本章在对案例研究发现的基础上，对影响大学英语教师专业发展路径的因素进行了再探究与凝练，主要针对大学英语教师专业发展路径概念框架中的不足进行了修正，建构了大学英语教师专业发展研究理论框架，并在此基础上建议大学英语教师可选择行动研究、深入反思、积极组织并参加校本培训、构建教师专业发展“共同体”和撰写教师日志等路径来实现自身的专业发展。本研究希望这些在实证研究基础上所提出的建议能够为大学英语教师专业发展路径理论框架的后续应用提供启示与借鉴，以便改进与完善这一理论框架，更好地发挥其在大学英语教师专业发展过程中的作用。

第八章　结论与启示

一、研究结论

本研究针对我国目前外语师资队伍比较薄弱，在教师发展领域方面发展较为欠缺，我国外语教师职业水平提高的相关论文极为匮乏，实证研究严重不足、脱离课堂教学，且与一线教师需求脱节，教师与研究者地位不平等，等等问题，在梳理与分析国内外相关文献的基础上，通过问卷调查与案例分析探究了大学英语教师发展路径及其影响因素，并以此为基础建构了大学英语教师专业发展路径理论框架，解决了以下问题：

大学英语教师的专业发展路径有哪些？可获得的专业发展路径有哪些？有效的专业发展路径又有哪些？这些路径对教师的专业发展作用如何？

大学英语教师专业发展路径的影响因素有哪些？它们是如何对教师专业发展产生影响的？这些因素在教师专业发展的过程中所产生的作用有没有主次之分？

大学英语教师的专业发展路径多种多样，既有学校、职能性培训机构等提供的正式、正规的路径，也有教师为了实现自身专业发展自主选择的一些非正式、非正规的路径。大学英语教师可获得的专业发展路径也有很多，包括自身可选择的行动研究、反思、校本培训、整理教案、与学生交流沟通、参加学术会议、学位学历教育等，还包括各级各类培训机构和出版机构所提供的培训等。参与问卷调查的教师认为有效的专业发展路径是行动研究、反思与校本培训；案例教师则提出，构建教师专业发展“共同体”与撰写教学日志也是极为有效的专业发展路径。行动研究，唤醒储藏在教师身体里的知识，鼓励教师用钻研的目光观察教学动态，用积极的心态去迎接挑战；反思，解放了教师“教学工具”的角色，归还了教师课堂教学的话语权，发展了教师的认识，提升了教师的专业意识；校本培训，帮助教师扫清专业发展障碍，成为知识的主动建构者，成为自身专业发展的真正主人；教师专业发展“共同体”，帮助教师彼此互通有无、分工协作、资源共享，凝聚并分享教师集体智慧的结晶；教学日志是教师“隐秘的自我”，是收集资料的重要途径，是迈出反思的第一步。这些路径都为大学英语教师职业生涯不同阶段专业发展目标的实现起到了极为重要的作用。

大学英语教师专业发展路径理论框架包含影响教师专业发展路径选择的 3 个因素，其中教学实践情境因素产生的作用最大，个人因素次之，而环境因素则较为间接也较弱。根据各自作用的大小，这些因素与处于核心的大学英语教师专业发展路径形成了具有层层递进关系的“洋葱圈体系”。此外，一方面，由于教师无论在个人因素的影响还是环境因素的影响下所选择的专业发展路径，都必须接受教学实践情境的评价与检验，在教师选择专业路径的过程中，教学实践情境因素对个人因素与环境因素也产生了较为直接且明显的影响。另一方面，在教学实践情境中，教师、学生是课堂微环境中的主体，教师与学生是课堂中互动和反馈的对象，两者的认知成果可能产生矛盾甚至冲突。为了解决这些矛盾或冲突，教师成为探究者，尝试各种途径试图找到解决问题的概念或原理，教师积累的实践性知识对这些概念、原理做出合理的评鉴与反映，这个教师通过与教学实践进行对话的过程，正是教师合理选择专业发展路径，并与实践性知识不断积累的循环互动的良性发展过程。

在具体的实践过程中，大学英语教师一定会感受到更多来自方方面面的各种因素的影响，教师的专业成长是一个漫长且艰辛的过程，既离不开教师自身的努力，也需要教师与各个因素，尤其是教学情境中的各因素积极互动，充分发挥各因素的协同作用，在不断地发现问题、寻找路径、解决问题的过程中获得专业成长。本研究以问卷调查与案例研究为基础形成的大学英语教师专业发展路径理论框架，以及在研究发现基础上提出的专业发展路径建议，为探索适合我国大学英语教师专业发展的路径的研究提供了理论与实践方面的启示与借鉴。

二、研究启示

（一）理论启示

本研究在对国内外现有相关研究进行综合梳理的基础上，深入剖析了国内外教师专业发展研究领域对教师专业发展路径研究的不足；在相关研究发现的基础上，探寻了教师的专业发展路径，确定了教师专业发展路径选择的影响因素，并以此为基础搭建了大学英语教师专业发展路径的概念框架。在概念框架架构的基础上，又运用问卷调查的量化研究方法与案例研究的质性研究方法相结合的方式，深入探究了教师的专业发展路径有哪些及各因素是如何对教师专业发展路径选择产生影响的问题，以修正概念框架的不足，实现理论框架的建构，遵循了“理论—验证—理论”的研究思路，做到有理有据。

大学英语教师专业发展路径理论框架倡导教师应立足于教学实际，充分利用影响因素的有利之处，规避不利之处，合理选择专业发展路径，借助于最大影响因素，即教学实践情境评价与检验的功能，实现教学实践—专业发展路径选择—实践性知识积累的循环互动；倡导教师在其不同的专业发展阶段，根据影响因素的侧重，自主选择有效的专业发展路径，彰显教师自身在专业发展过程中的主体地位，为满足教师持续的专业发展诉求做好理论和意识上的准备。

（二）实践启示

本研究除了研究理论与方法能给后续研究以启示外，还有实际的启示意义。首先，本研究再一次验证了，教师了解自我、学会研究自我是关乎教师学术生命和保证教学效益的重要环节，教师主动根据制约因素及时调整专业规划，选择合理的专业发展路径，对于促进教学实践之意义的持续的改变具有不可替代的作用，否则任何试图提升教学实践水平的愿景都将成泡影。本研究作为对教师自主职业生涯规划的一次行动研究，所提出的关于教师专业发展路径选择的一些理论观点和方略构思，对教师在专业发展路径的选择上具有一定的借鉴作用。其次，教师作为改革的实践者与改革的对象，教育教学改革的新形势要求教师在知识结构、能力水平等方面有相应提升，进而实现专业素养的提升。教师合理制定有效的专业发展规划，选择适合不同专业发展阶段的专业发展路径，使自身进入良性的可持续性发展的轨道，才是实现教师专业素养提升的保证。本研究强调教师在反思中的行动研究，提倡教师积极主动地反思并通过教学实践的不断检验，探索出适合自身的专业发展路径，为大学英语教师提供借鉴。

此外，本研究还通过对调查问卷与案例研究的数据分析，发现在教师专业发展的实际过程中要关注并处理好以下几个问题。

1. *大学英语教学改革与大学英语教师专业发展之间的矛盾*

首先，大学英语教学改革虽然在改革实施前做了大量的调研，但仍然改变不了改革层层贯彻、以行政命令下达各高校、强制教师与学生执行的事实。在实际的操作过程中，必然受到教师行动上的拖延甚至抵制。“关于学校组织变革与教师改变的关系，存在两种不同的认知取向，一种采用‘组织向内’（organization in）的方法。它强调采取一系列组织杠杆，通过拉动这些杠杆使组织发生改变，而个人的改变则会紧随其后。另一种观点与此相反，它认为欲获得持久性成功的战略变革，首先是个人的改变，然后才是组织的改变。组织变革的深度和速度取决于组织中的个人发生改变的深度和速度。这一种被称为‘个人向外’（individual out）的方法”（操太圣 等，2006）。很显然，大学英语教学改革属于第一种，仅仅依靠“组织杠杆”的作用，而忽略了教师对改革认同与投入的重要性，教师无法行使决定和选择教学内容、教学方式和教学评价的自主权，在实际的教学过程中按部就班、照本宣科，不会主动去学习教学的相关理论或探索教学的规律，不仅教学收效甚微，而且个人的专业成长也停滞不前。

其次，大学英语教学改革忽略了基层教学的实际情况。此次大学英语教学改革是以技术为支撑，基于计算机网络的教学改革，但有关改革高校的教师信息技术水平是否达标、教师学习“新技术”与教师已承担的繁重教学任务之间是否有冲突、教师有没有充分理解、认识这一模式的初衷与目标及教师需要接受哪些培训才能胜任这一教学模式等问题没有被充分考虑。此外，教学改革，理念先行。但大学英语教师普遍不关心、不了解课程改革的理念，甚至有严重的误解或曲解的情况。本次研究意向访谈的一位教师，教科研成果丰富，是同龄教师中的佼佼者，但他表示：“大学英语教学改革除了增加教学负担，没有给我带来任何的帮助，我个人专业方向的选择与专业的发展完全依靠我自己。对大学英语教学改革，我一点也不想提，更不想做任何评论。”

最后，大学英语教学改革仍然没有摆脱应试教学的标签。虽然在2007《大学英语课程教学要求》中，评价体系包括形成性评估和终结性评估。但事实上，很多学校仍将大学英语四六级考试这一终结性评估方式作为考核评价教师的主要指标。学生的四六级英语成绩不仅仍被用来衡量教师的教学效果、教学能力和教学水平，学生的学位证书也与其挂钩，而且考试结果仍被大多数企事业单位作为录用员工的基本条件。四六级考试的指挥棒作用仍让大学英语教师保持“考什么、教什么”的想法与做法，在教学中始终采取“填灌模式”与“题海战术”，鲜少对自己的教学实践活动进行思考与总结，更不会有意识地去关注自身的专业成长问题。有些教师虽然在主观上有改革与创新自身教学的愿望，希望将新的教育教学理念与方法应用于自己的教学实践，并做出了一些尝试，但这种尝试往往是一个循序渐进的过程，不能立竿见影，而教师一旦感觉学生未达到预期的学习效果，或发现学生的考试成绩排名落后于其他保守教学的教师的学生，这种尝试就会半途而废，教师又会回归到应试教学的大军中。可见，因大学英语教学改革评估方式的弊端所造成的大学英语应试教学，大大阻碍了大学英语教师大胆尝试、勇于创新、主动反思，不可避免地成为大学英语教师专业发展的羁绊。案例研究中的三位教师，虽然是同事心目中学习的榜样，是学生眼中的好老师，他们有积极投入教学改革的热情，也有实践新的教学理念与方法的主观意愿，但在具体的教学实践实施过程中由于受四六级考试的影响又有所犹豫、有所退缩、不敢完全放开手脚，他们原本希望通过对新的教学理念与方法的主动尝试来提高教学质量、优化教学能力、提高专业素质、实现专业成长的愿景因此而大打折扣。

2. 组织环境对大学英语教师专业发展的制约

首先，政府于教师而言，是一个处于其专业发展路径外围的保障与支持体系，它对教师的专业发展虽不直接参与，但相关的政策制度却是教师专业发展的宏观前提与环境，决定了教师专业发展路径的有效性。随着教育教学改革的不断深入，教师在改革中的决定性作用日益凸显，培养高素质高水平的教师成为教师教育的目标。我国为保障教师的基本待遇、工作与学习条件，制定了一系列的政策制度，但在政策贯彻与实施的具体过程中，受多种因素的影响与制约，出现了偏离政策导向或政策实施不力的状况。教育法规定国家的教育投入要不低于 GDP 的 4%，有些偏远地区，教育经费有限，办学环境差，教师的工资不能按时足额发放，教师的生计问题得不到解决，何谈教师的专业发展问题。

其次，虽然无论是政府、教育研究者还是高校本身都认同，高等教育的发展“需要坚持高等学校的多样化发展，避免高等学校办学发展中的某种趋同性”，“需要强调高等学校分层次发展和同层次竞争”（冒荣 等，2003），但事实上，目前我国高校的发展不仅存在趋同性，盲目地向研究型大学看齐，而且不同发展层次间的竞争比比皆是。很多高校为了提升在国内大学排行榜上的名次，不切实际地拔高对教师的评价标准，尤其是科研考核标准，忽略了大学所应该具有的最基本功能，即“教学”。它们忽略了学术的多样性，纷纷出台了以课题项目和科研成果为核心的考核机制，极大地关注教师的学术成果，将教师的专业能力简化为对教师学术成果的衡量，大学英语教师原本以教学为主，现在也不得不以科研为主，教学业绩不再纳入这一考核机制。在一些综合类高校与理工科院校，大学英语教师属于边缘学科的被边缘化的教师，尽管无法获得与强势学科教师同等的资源，学校在其晋升与职称评审上采取的却是“一刀切”的原则，大大挫伤了教师的积极性，忽略了教师作为“全人”的发展。

此外，“处在改革年代，研究教师学习、教师发展不仅要探讨如何为教师获得新知识、掌握新技巧提供支持，更要思考如何为教师提供学习的机会，让他们反思自己的教学实践，并从中重新建构对教学内容、教学方法及学习者的认知和信念”（Nelson et al.，1996）。这就要求各学校应该以大学英语教师的职业发展需求为依据，以学校的总体发展规划为指导，在确保教师了解各级各类教师教育模式与培养目标的基础上，制定相关的规定并提供相关的申请途径。在教师人员的选拔上，除了以本校教师的发展与梯队建设为出发点，更要重视教师的个人特点、发展需求与培养模式、目标之间的匹配性，按照机会均等、男女比例均衡的原则，将对科研、教学及学位有着不同要求的教师分别派送到不同的培训项目中，并建立相关的考核与激励机制，对参与培训的教师提出明确的成果要求，以提高教师教育的有效性。然而，调查显示，一些教师入职以来没有参加过培训，还有一些教师参与的培训不是学校组织而是由出版社组织的以推介教材为目的短期培训，学校并未建立行之有效的培训机制，院系也没有在教师专业发展过程中起到导向作用，教师的专业发展大多呈现“得过且过”或“孤军奋战”过程中不断遭遇挫折的状态。Sikes（1992）认为，变革是社会进步的必然产物，若期望变革顺利实现，变革的规划者就应该咨询不同类型学校、教师对变革的不同理解，同时关注教师专业发展和个人成长的需求，给予教师足够、适切的资源，为教师提供必要的在职培训和长期的支持，信任教师的工作能力，将他们视为自主的专业人士。但事实上，大学英语教师的专业身份与专业地位并未得到认同，这不仅造成了教师主观上的无归属感，也造成了客观上在资源获得方面的不平等，大大影响了大学英语教师对英语教学与学科建设的投入与付出，阻碍了教师对专业发展的追求，导致了教师专业化水平的停滞不前甚至后退。

3. 在职教师教育在大学英语教师专业发展需求与人文关怀方面的缺失

目前，在职教师教育是大学英语教师专业发展可获得的的主要路径。教师教育机构，作为实现政府对教师学习与发展期望的培训职能部门，应该设计针对性的教师学习内容、方式与考核标准，为教师创设、提供专业发展的环境与支架。教师教育机构的教师教育者与研究者是教师学习资源的掌握者与提供者，他们不仅代表了一定的专业权威性，还代表了政府对教师实施的培训与教育，他们的态度与策略往往对教师产生重要的影响，因此，作为对教师学习与专业发展有着引领与支持作用的教师教育者与研究者，应该定期帮助教师诊断并解决教师专业发展过程中所遇到的问题，调整专业发展计划与目标，及时评价并反馈教师教育效果，不断改善、提高教师教育的方法与策略，提高教师教育的针对性与有效性。

外语教师教育除了对教师传授专业知识、培训教学技能外，还是教师作为“全人”教育与发展的一部分，因此，教师教育者应该充分考虑教师的需求与情感因素，“满足包括教师情感学习在内的多方面的学习需求，关注教师全面发展和个性化学习需求。教师在其学习过程中是一个完整的人（whole person），必须过一种完整的生活（whole life）（Connelly et al.，1988；Fullan et al.，1992）。因此，在教师教育过程中教师教育者与研究者不应该以权威、专家或指导者的身份而自居，而应该充分尊重教师，将教师作为有思想、有情感、经验丰富的教师教育培训的积极参与者，在与教师互动、交流与合作的过程中建立起平等的合作关系，真正成为教师专业发展共同体中的协作伙伴。

然而，就目前的教师教育培训状况来看，存在以下几个方面的问题：

（1）教师教育机构未能充分考虑教师的学习与专业发展需求及成人学习特点设计教师教育课程，教师教育的培训方式固化。一直以来，我国教师教育培训机构将“培训范式”（training paradigm）作为教师专业学习与成长的主要范式，这一范式假定教师的知识与技能不足，忽略了教师的反思与创新之间的联系，未能将教师视为一个主动的学习者和反思的行动者，而始终将教师视为被动的受训者，打击了教师学习的积极性与主动性。这样的培训范式不仅不能满足教师的培训需求，还造成了政府无论在政策制定上还是在设计教师教育课程上的固定化与指定性。

（2）教师发展的阶段性、连续性和衔接性未能得到关注。除了学校未能保障每个教师的学习权力，为教师提供平等的学习、培训、进修的机会外，目前教师教育机构、教师教育者与研究者提供的也仅仅是针对学科带头人或骨干教师的教师教育课程。在设计这类课程时，不仅受训教师的专业发展阶段、个体差异性未被考虑，这类课程本身的连续性及有没有另外的课程来衔接也被忽略了，课程往往随着培训的结束而结束，而没有对培训效果的评价、后期跟踪、反思与总结。

（3）教师学习的主体性与认知特点被忽略。有研究发现，教师乐意参与那些具有探索性、反思性及合作性的专业学习活动（Sandholtz，2002），而且，被了解和被尊重是教师学习过程中的基本需求，当教师体验到所要参与的学习能满足自己的兴趣、影响个人的需求时，其个人的学习动机就会自主地激发出来。反之，受制于一些外界压力而被迫参与学习的教师，就会对学习产生焦虑甚至抗拒的情绪（朱嘉颖，2009）。但一直以来，各级各层的教师教育课程设置基本以行为主义教学观的理念为指导，教师教育者的教学活动也往往是“一言堂”，教师仅是教育活动与相关培训知识的被动接受者，教师最为关注的、发生在真实的教学情境中的教学问题未能在教师教育过程中被涉及，教师学习的主体性与认知需要未被考虑。

4. *传统的理论学习与教师实践性知识之间的脱节*

有研究将教育理论划分为科学教育理论、哲学教育理论与实践教育理论（Wolfgang Brezinka，转引自 Kangan，1993）。教师教育中力图传递给教师的基本属于科学教育理论，是传统的理论学习方式。科学教育理论通常围绕着教育的“事实—规律”的探索与证明为焦点，以“解释教育现象发生的原因、条件”，“发现教育发展、变化的内在联系，把握教育发展、变化的规律”为宗旨（唐莹，2002）。这种教育着眼于“教育本身是怎样的”，以揭示和解释教育的本质和规律为主要任务，它通常局限于对“应然”的教育现象的探讨，作为一种纯粹的认知活动，以“合对象规律”为标准，认识目的是比较狭窄的。研究者可以控制各种因素和变量，简化教育理论的要素，从而得出规范而简要的结论，教育理论以求“真”为主要目的。许多教师教育者与研究者假设教学主要是将教育理论运用于教学实践的过程（陈静静，2009）。基于这一理念，教师教育的培训假设教师教育者理论的传递与教师理论知识的获得能改变教师的教学行为教师一旦经过理论学习，就会付诸行动，将理论运用到教学实践中就能提高自己的教学表现，并产生良好的教学效果。这种传统的理论培训方式往往没有教师的参与，不与具体的教学案例与情境相联系，这类理论学习最终会变为“纸上谈兵”，即便教师熟知很多教育理论，对现实教学效果的改善也无法达到预期的效果，因为，实际上教师的日常教学包括更加复杂的判断，而非单向度地将理论应用到实践的行为（Alison，2000）。

实践教育理论致力于解决“实际上应该怎样”的问题，是人们对教育事件的能动性把握，它要回应教育活动中的主体的要求，而教育的主体是多样化的，它时时刻刻要面对非常复杂的教学情境，教师要在变动不居的环境中，以及从多样的因素和可能性中进行选择，并将其现实化，它不但要求“真”，还要符合多个主体和情境的需要，因此教学实践理论是求“善”的、“合宜”的理论（陈静静，2009）。教师正是依据实践教育理论的内在逻辑构建自身的实践知识。“教师最开始是从他们自己的学习经验中学习如何教学的。教师的信念、知识和技能早已在早期学校学习和生活经验中形成”（Borko et al.，1995）。在教师早期的日常生活和求学生涯中，他们通过观察与体验的学习经历，积累了大量的受教育经验，这些经验是他们对教育的理解原型，构成了他们实践性知识的最初的重要来源。随着教师入职，经历了多年的教学历练、洗礼、反思、总结，教师教学实践知识不断积累与增长，教师逐渐形成了自己的学习能力与教学实践理念。教师在接受教师教育培训时，对培训的内容有一定的倾向性、选择性与批判性，对于就理论而理论或未经过实践检验，尤其是没有经过教师自身检验而确认有效的理论，有一些直接被教师舍弃，教师即便将其保留在大脑中，通常也只停留在“揣度”和“假设”的阶段。因此，教师教育要达到预期的效果，教师教育者与研究者一定要参与教学实践，也一定要让教师在学习的过程中参与、体会、感悟并分享所学理论对于教学实践的意义。否则，教师就不可能从新的视角去思考、认识自己的教学实践活动或在行动中融入变革的理念。

事实上，多年的教师教育培训始终着眼于对教师理论素养的提升，教师的实践性知识未得到应有的重视，教师的个体经验未能得到有效提炼与分享，而教育理论与教学实践不同的内在逻辑关照，决定了教师知识组织的不同方式，因此，教师也就无法真正体会教育理论之于教师实践的意义，呈现出传统理论与教师实践性知识之间脱节的状况。

三、研究的不足与展望

本研究的不足主要体现在以下几个方面：一是由于时间、研究条件与个人精力等因素的限制，不仅本研究的样本数量存在不足，而且全国高校的类别与特点各不相同，本研究结论的适用面也有一定的局限；二是虽然本研究的对象具有一定的代表性，数据的搜集与调查也采用了问卷与访谈相结合的方式，但还缺少对教师课堂观察材料的搜集与分析，在一定程度上影响了本研究的信度；三是本研究虽然提到了外在因素对教师专业发展路径选择的影响，但从学校管理者与学生视角的分析材料还有所欠缺。

在未来的研究中，可以扩大研究样本的数量，对各类高校（如综合性高校、理工类院校、师范院校、高职高专等）的教师专业发展路径进行更为细致的分阶段研究或差异性研究；也可以选择对案例教师专业成长过程进行跟踪研究；还可以在增加对教师课堂观察的同时，从学校管理者与学生的视角来探究教师专业发展路径的选择问题，以提高研究的客观性。

大学英语教师专业发展路径的理论框架是在回顾与借鉴国内外外语教师教育与专业发展研究成果的基础上提出的，对外语教师的专业成长将起到一定的推动作用。本研究也只是对这一理念框架的初步探讨，这一框架本身不一定完善，但在对相关数据调查与分析的过程中，研究者深深地感受到，大学英语教师的专业成长是漫长而渐进的过程，除了需要教师自身有强烈的专业发展意识与专业发展需求外，更需要政府、学校的支持与教师教育体制的进一步完善。只有自身有追求、环境有保障，大学英语教师才能顺应教育教学改革的趋势，真正实现可持续的专业发展。

附录一　大学英语教师专业发展路径调查问卷

老师，您好！本次调查旨在了解大学英语教师对发展路径的选择情况。您所填写的内容仅作研究之用。谢谢您的支持与合作！

教师基本信息

1. 性别：A. 男　　B. 女

2. 年龄：A. ≤30 岁　　B. 31～40 岁　　C. 41～50 岁　　D. >50 岁

3. 您的教龄：A. ≤5 年　　B. 6～10 年　　C. 11～15 年　　D. 16～20 年　　E. >20 年

4. 您的职称是：A. 助教　　B. 讲师　　C. 副教授　　D. 教授

一、请指出您在多大程度上同意下列陈述，在 [　] 中标出符合您的看法的数字。

1＝完全不同意　　2＝不完全同意　　3＝既不反对也不同意

4＝基本同意　　5＝完全同意

[　　] 1. 假如让我再选择一次，我还会选择教师职业

[　　] 2. 我认为教师职业就是一种谋生手段

[　　] 3. 我认为当前大学英语教师普遍的工作状态是得过且过

[　　] 4. 我对高等教育国际化非常了解

[　　] 5. 我对高考英语改革非常了解

[　　] 6. 我非常支持大学英语教学改革

[　　] 7. 我认为大学英语教学改革对我的专业成长很有帮助

[　　] 8. 我所在的学校，领导非常重视大学英语教师的专业发展

[　　] 9. 我对《大学英语课程教学要求》非常了解

[　　] 10. 我经常阅读语言教学或专业发展理论与实践研究方面的期刊或书籍等
[　　] 11. 我所在的教研室或教学小组经常集体备课或讨论教学问题
[　　] 12. 我经常参加每学期的示范教学课和观摩听课活动
[　　] 13. 我愿意参加各级各类讲课比赛
[　　] 14. 我会经常和同事讨论教学中发生的比较突出的事件
[　　] 15. 我在教学工作中经常进行教学反思
[　　] 16. 我在教学工作中注意培养学生语言学习以外的能力与意识
[　　] 17. 我在教学工作中对如何教好英语形成了自己的认识
[　　] 18. 我在教学工作中不断践行自己对英语教学的认识
[　　] 19. 我总是想方设法解决工作中遇到的难题
[　　] 20. 我总试图通过各种途径提高自己的业务水平与专业素养
[　　] 21. 各级各类进修与培训使我的教学实践知识得到了升华
[　　] 22. 大学英语教师一定要具备科研意识
[　　] 23. 教学效果好与科研能力强之间没有必然联系
[　　] 24. 学校对于大学英语教师的科研要求不合理
[　　] 25. 我有很明确的职业发展目标
[　　] 26. 我有很具体的职业发展规划
[　　] 27. 我的家庭鼓励我积极追求专业发展
[　　] 28. 我很满意目前的职业状况

二、请在下面选择题中，请在最接近您实际情况的字母上画“√”。

29. 我和我同事与教研室的关系，常见的情况是：

A. 有很强的归属感，能促进教师专业发展

B. 只是一种形式上的组织关系，对教师的专业发展没有实质上的影响

C. 很矛盾，既有促进教师发展的一面，也有不利的一面

D. 形成一种压制和束缚，使教师的个性化发展受到影响

30. 如果同教研室或同院的教师进行教学改革，我的认识是：

A. 很欣赏同事的改革，感到有压力并向他（她）学习

B. 只是一般意义上认同他（她）的改革，没有特别的感觉

C. 会有一种嫉妒心理，认为他（她）是出风头

D. 会在别的同事面前或其他场合说一些风凉话

31. 我觉得教学与科研之间的关系是：

A. 科研第一　　B. 两者并重

C. 教学为中心　　D. 说不清楚

32. 影响我进一步提高英语教学能力的因素有（可多选）：

A. 缺乏教学法方面的知识　　B. 缺少进修机会

C. 教学负担重　　D. 科研压力大

E. 欠缺动力　　F. 不知该如何提高自己

G. 其他____________

33. 我觉得做科研很有压力，主要原因是（可多选）：

A. 晋升职称需要　　B. 学校或学院制度规约

C. 自加压力　　D. 课题难申请

34. 我觉得做科研很有阻力，主要原因是（可多选）：

A. 相关学科知识的欠缺　　B. 研究方法的欠缺

C. 教学任务繁重　　D. 科研意识薄弱

E. 论文发表困难　　F. 不感兴趣

G. 其他____________

35. 在过去的 5 年中，我的论文在以下级别的刊物上发表过（可多选）：

A. 省级　　B. 北大核心

C. CSSCI　　D. SSCI 或 A&HCI

E. 未发表或省级以下

36. 在过去的 5 年中，我发表的论文篇数为：

A. 0　　B. 1　　C. 2　　D. 3

E. 4　　F. 5　　G. >5

37. 在过去的 5 年中，我参编过以下出版物（可多选）：

A. 专著　　B. 译著　　C. 工具书　　D. 教材

E. 教辅　　F. 无

38. 在过去的 5 年中，我主编过以下出版物（可多选）：

A. 专著　　B. 译著　　C. 工具书　　D. 教材

E. 教辅　　F. 无

39. 在过去的5年中，我参加过研究项目的级别是（可多选）：

A. 校级　　B. 市厅级　　C. 省部级　　D. 国家级

E. 横向　　F. 无

40. 在过去的5年中，我主持过研究项目的级别是（可多选）：

A. 校级　　B. 市厅级　　C. 省部级　　D. 国家级

E. 横向　　F. 无

41. 我的教学反思方式是（可多选）：

A. 写教学日志　　B. 做教学档案袋

C. 观摩教学录像带　　D. 整理教案

E. 对比优秀教案范例　　F. 与学生沟通获得反馈

G. 教师间讨论　　H. 听取同行或专家建议

I. 其他____________

42. 在过去的5年中，我参加国内学术会议的次数为：

A. 0　　B. 1~2　　C. 3~4　　D. ≥5

43. 在过去的5年中，我参加国际学术会议的次数为：

A. 0　　B. 1　　C. 2　　D. ≥3

44. 在过去的5年中，我在国内参加进修的次数为：

A. 0　　B. 1~2　　C. 3~4　　D. ≥5

45. 在过去的5年中，我出国进修的次数为：

A. 0　　B. 1　　C. 2　　D. ≥3

46. 我参加过的培训的内容有（可多选）：

A. 出版社组织的与教材使用挂钩的研讨会

B. 研究方法培训

C. 语言技能培训

D. 教学方法培训

E. 测试方法培训

F. 计算机网络技术培训

G. 无

47. 我接受的培训层次是（可多选）：

A. 国家级　　B. 省级

C. 校级（市/厅级）　　D. 没有接受过培训

48. 我认为较具有培训效果的是（可多选）：
A. 出版社组织的与教材使用挂钩的研讨会
B. 研究方法培训
C. 语言技能培训
D. 教学方法培训
E. 测试方法培训
F. 计算机网络技术培训
G. 无
49. 我目前较为期待的培训内容是（可多选）：
A. 针对学生的不同需求进行教学设计
B. 学生的心理发展特点
C. 与教学有关的信息技术应用
D. 所教学科的专业知识
E. 教学法
F. 教育科研方法
G. 新的教育理念
H. 课程理论与课程知识
I. 其他____________
50. 我认为教师进修或培训较可行的方式是（可多选）：
A. 出国学习　　B. 在国内做访问学者
C. 脱产进修　　D. 在职进修
E. 寒暑假进修　　F. 网络远程培训
G. 其他____________
51. 我认为从教____之后最需要培训：
A. 1~2 年　　B. 3~5 年　　C. 6~8 年
D. 9~10 年　　E. 10 年以上
52. 我参加培训的主要动力是（可多选）：
A. 提升素养，促进专业业务发展
B. 开阔眼界，增长阅历
C. 解决教学实践中的问题
D. 晋升职称
E. 学历达标

F. 成为骨干或学科带头人

G. 硬性规定，不得已而为之

H. 拓展人际关系，认识同行或专家

I. 其他____________

53. 我打算通过以下途径促进自身的职业发展（可多选）：

A. 攻读本专业方向的更高学位

B. 攻读其他专业方向的更高学位

C. 多出科研成果

D. 多出教学成果

E. 参加学术会议与培训

F. 国外进修

G. 其他____________

54. 目前影响我职业发展的因素有（可多选）：

A. 职业前景不乐观　　B. 主观上没有很强的意愿

C. 家人认为没有必要　　D. 教师政策无法调动积极性

E. 学校不重视大学英语　　F. 领导不够支持

G. 个人身体因素　　H. 单位的工作氛围不好

I. 其他____________

55. 我对大学英语教师专业发展的政策建议有（可多选）：

A. 增大投入

B. 改进激励措施

C. 健全政策，完善体制

D. 完善设备，提供资源

E. 提高培训的实效性、针对性

F. 教师积极参与，自主发展

G. 实现培训形式创新

H. 改革培训内容

I. 其他____________

再次感谢您对本次调查的大力支持与配合！

附录二　访谈提纲

1. 请简单介绍您的基本情况（年龄、学历、职称、职务）、教学（学生的评教情况与教学所获得的各级各类奖项等）和科研（主持或参与的课题、发表的学术文章或专著及科研所获得的各级各类奖项）现状。

2. 您在学生时代的经历与感受有没有影响您现在的教学？是什么样的影响？

3. 您自己的教学受谁（自己曾经的老师、有经验的教师或同事等）的影响最大？这种影响具体体现在哪些方面？

4. 在您的教学生涯中有没有突出的事件对您产生了较为明显的影响？是什么样的事件？它对您产生了什么样的影响？

5. 您觉得有什么关键的人或事件影响或改变了您的专业发展规划？您又是如何来应对的？

6. 您的家庭成员支持您的工作或学习规划吗？当家庭和您的专业发展产生冲突时，您是如何解决这一冲突的？

7. 您是否经常反思自己的教学？您一般会在什么情况下反思自己的教学？这种反思对您的教学产生了什么样的影响？

8. 相关调查（吴一安 等，2007）显示，英语教师职业发展经历了生存阶段（发现、学习、争取站稳讲台，1~2 年）、巩固阶段（逐渐建立信心、掌握教学技能，3~4 年）、提高发展阶段（探索、实验、反思、走向成熟，5 年），您的发展是否也经历了这些阶段？您是如何顺利度过这些阶段的？

9. 您从什么时候开始形成自己的教学风格？其标志是什么？

10. 您任职学校的组织文化（工作氛围、管理体系、激励机制、校本培训制度、校园环境等）对您的成长是否产生了作用？是哪些作用？

11. 您认为教育教学发展趋势（高等教育国际化、大学英语教学改革等）对您的影响大吗？是什么样的影响？您又是如何应对的？

12. 您是否经常阅读相关专业理论（语言学理论、教育学理论等）的书籍或期刊？它们对您个人的专业发展作用大吗？为什么？

13. 您的学位教育（攻读硕士、博士学位等）对您的专业发展作用大吗？具体体现在哪些方面？

14. 您有没有参加过教师培训或进修？是什么形式的培训或进修？您觉得这些培训或进修对您的帮助大吗？为什么？您个人较期待的或认为最可行的培训或进修的形式与内容是什么？为什么会选择这样的培训或进修的形式与内容？

15. 如果将影响您专业发展路径选择的因素归类为个人因素、教学实践情境因素、环境因素的话，您觉得该如何对它们产生的影响进行排序？为什么？

参考文献

[1] ABDAL-HAQQ I. Constructivism in teacher education: Considerations for those who would link practice to theory. *Eric Digest*. ERIC clearinghouse on teaching and teacher education Washington DC [EB/OL]. http://www.ericdigests.org/19999-3/thoery/theory.htm.

[2] BLACK A L, HALLIWELL G. Accessing practical knowledge: How? Why? [J]. *Teaching and Teacher Education*, 2000, 16 (1): 103-115.

[3] ALLWRIGHT D. Exploratory practice: Rethinking practitioner research in language teaching [J]. *Language Teaching Research*, 2003, 7 (2): 113-141.

[4] ALTRICHTER H, POSCH P, SOMEKH B. *Teachers Investigate Their Work: An Introduction to the Methods of Action Research* [M]. London, UK: Routledge, 1993.

[5] BAILEY K M. Diary studies of classroom language learning: The doubting game and the believing game [A]. SADTOWO E (eds.). *Language Acquisition and the Second/Foreign Language Classroom* [C]. Singapore: SEAMEO Regional Language Centre (Anthology Series 28), 1991. 60-102.

[6] BAILEY K M, CURTIS A, NUNAN D. Undeniable insights: The collaborative use of three professional development practices [J]. *TESOL Quarterly*, 1998, 32 (3): 546-556.

[7] BAILEY K M, CURTIS A, NUNAN D. *Pursuing Professional Development: The Self as Source* [M]. Beijing: Foreign Language Teaching and Research Press, 2009.

[8] BAILEY K M, OCHSNER R. A methodological review of the diary studies: Windmill tilting or social science? [A] BAILEY K M, MICHAEL H L, SABRINA P (eds.). *Second Language Acquisition Studies* [C]. Boston,

MA：Heinle & Heilne/Newbury House，1983. 188−198.

[9] BAKKENES I，VERMUNT J D，WUBBELS T. Teacher learning in the context of educational innovation：Learning activities and learning outcomes of experienced teachers [J]. *Learning and Instruction*，2010，20（6）：533−548.

[10] BARTLETT L. Teacher development through reflective teaching [A]. RICHARDS J C，NUCAN D（eds.）. *Second Language Teacher Education* [C]. Cambridge：Cambridge University Press，1990：202−214.

[11] BELL B，GILBERT J. Teacher development as professional, personal, and social development [J]. *Teaching and Teacher Education*，1994，10（5）：483−497.

[12] BELL B，GILLBERT J. *Teacher Development：A Model from Science Education* [M]. London and Washington，D. C.：Falmer press，1996.

[13] BORG S. Teacher cognition in language teaching：a review of research on what language teachers think，know，believe，and do [J]. *Language Teaching*，2003，36（2）：81−109.

[14] BORKO H，PUTNAM R T. "Expanding a teacher's knowledge base：A cognitive psychological perspective on professional development" [A]. GUSKEY T R，HUBERMAN M（eds.）. *Professional Development in Education：New Paradigms and Practices* [C]. New York：Teachers College Press，1995.

[15] BROOKS N. The ideal preparation of foreign language teachers [J]. *Modern Language Journal*，1966，50（2）：71−78.

[16] BROWN J D，KATE W. Teacher portfolios for evaluation：A great idea or a waste of time? [J]. Language Teacher，1997，21（1）：28−30.

[17] BROWNELL M T，et al. Individual and contextual factors influencing special education teacher learning in literacy learning cohorts [J]. Learning Disability Quarterly，2014，37（1）：31−44.

[18] BRUNER J. *Actual Minds，Possible Worlds* [M]. Cambridge：Harvard University Press，1986.

[19] BUTLER D L，LAUSCHER H N，JARVIS-SELINGER S，BECKINGHAM B. Collaboration and self-regulation in teachers' professional development [J]. *Teaching and Teacher Education*，2004，20（5）：435−

455.

[20] CALHOUN E F. Action research for school improvement [J]. Educational Leadership, 2002, 59 (6): 18-24.

[21] CALDERHEAD J, SHORROCK S B. *Understanding Teacher Education: Case Studies in the Professional Development of Beginning Teachers* [M]. London: The Falmer Press, 1997.

[22] CASANOVA U. Research and practice: We can integrate them [J]. NEA Today, 1997, 7 (6): 44-49.

[23] CARR W, KEMMIS S. *Becoming Critical* [M]. London: Falmer press, 1986.

[24] CARR W. Theories of theory and practice [J]. *Journal of Philosophy of Education*, 1986, 20 (2): 177-186.

[25] CHEN W C. Professional growth during cyber collaboration between pre-service and in-service teachers [J]. *Teaching and Teacher Education*, 2012, 28 (2): 218-228.

[26] CLANDININ D J, CONNELLY F M. Narrative Inquiry: Experience and Story in Qualitative Research [M]. San Francisco: Jossey Bass, 2000.

[27] CLAIR N. Teacher study groups: Persistent questions in a promising approach [J]. *TESOL Quarterly*, 1998, 32 (3): 465-492.

[28] CLARKE D, HOLLINGSWORTH H. Elaborating a model of teacher professional growth [J]. *Teaching and Teacher Education*, 2002, 18 (8): 947-967.

[29] CLARKE D, J PETER A. Modeling teacher change [A]. Paper presented at the 16th annual conference of the Mathematics Education Research Group of Australasia (MERGA), Queensland, 1993.

[30] CONNELLY F M, CLANDININ D J. Stories of experience and narrative inquiry [J]. *Educational Researcher*, 1990, 19 (5): 2-14.

[31] COHEN L, MANION L, MORRISON K. *Research Methods in Education* [M]. New York: Routledge Falmer, 2003.

[32] CONNELLY F M, CLANDININ D J. *Teachers as Curriculum Planners: Narrative of Experience* [M]. New York: Teachers College Press, 1988.

[33] CONNELLY F M, CLANDININ D J. Stories of experience and narrative inquiry [J]. *Educational Researcher*, 1990, 19 (5): 2-14.

[34] CRESWELL J W. *Research Design: Qualitative, Quantitative, and Mixed Methods Approaches* (3rd ed.) [M]. Thousand Oaks: Sage Publications, Inc., 2009.

[35] DARLING-HAMMOND L. Developing professional development schools: Early lessons, challenge, and promise [A]. DARLING-HAMMOND L (eds.). *Professional Development Schools: Schools for Developing a Profession* [C]. New York: Teachers College Press, 1994.

[36] DARLING-HAMMOND L, MCLAUGHLIN M W. Policies that support professional development in an era of reform [J]. *Phi Delta Kappan*, 1995, 76 (8): 587-604.

[37] DARLING-HAMMOND L. Teacher learning that supports students learning [J]. *Educational Leadership*, 1998, 55 (5): 6-11.

[38] DAVIS J, WILSON J. Principals' efforts to empower teachers: Effects on teacher motivation and job satisfaction and stress [J]. *The Clearing House*, 2000, 73 (6): 349-353.

[39] DALY P, GIJBELS D. *Real Learning Opportunities at Business School and Beyond Advances in Business Education and Training* [M]. Dordrecht: Springer, 2009.

[40] VRIES S, JANSEN E P W A, GRIFT W J C M. Profiling teachers' continuing professional development and the relation with their beliefs about learning and teaching [J]. *Teaching and Teacher Education*, 2013 (33): 78-89.

[41] DELVAUX E, et al. How may teacher evaluation have an impact on professional development? A multilevel analysis [J]. *Teaching and Teacher Education*, 2013 (36): 1-11.

[42] DEWEY J. *How We Think* [M]. Chicago: Henry Regnery, 1933.

[43] DEWEY J. *Logic: the Theory of Inquiry* [M]. New York: Holt, Rinehart and Winston, 1938.

[44] DÖRNYEI Z. The L2 motivational self system [A]. DÖRNYEI Z, USHIODA E (eds.). *Motivation, Language Identity and the L2 Self* [C].

Bristol: Multilingual Matters, 2009.

[45] DÖRNYEI Z, TAGUCHI, T. *Questionnaires in Second Language Research: Construction, Administration, and Processing* (2nd ed.) [M]. New York: Routledge, 2010.

[46] DOYLE W. Classroom organationzation and management [A]. WRITTROCK M C (ed.). *Handbook of Research on Teaching* [C]. New York: Macmillan Company, 1986.

[47] ELLIS R. SLA and teacher education [A]. BURNS C, RICHARDS J C (eds.). *Research in the Language Classroom* [C]. London: Modern English Publication, 1990.

[48] EVANS L. What is teacher development? [J]. Oxford Review of Education, 2002, 28 (1): 123-137.

[49] FAHIM M, MIRZAEE S. Peer coaching: A more beneficial and responsive inquiry-based means of reflective practice [J]. International Journal of Linguistics, 2013, 5 (3): 245-254.

[50] FANSELOW J. "Let's see": Contrasting conversations about teaching [J]. *TESOL Quarterly*, 1988, 22 (1): 113-130.

[51] FEIMAN-NEMSER S. Helping Novices learn to teach: Lessons from an exemplary support teacher [J]. *Teacher Journal of Teacher Educator*, 2001, 52 (1): 17-30.

[52] FESSLER R. A model for teacher professional growth and development [A]. PETER J B, ROBERT G H (eds.). *Career-long Teacher Education* [C]. Springfield, ILL: Charles C. Thomas, 1985.

[53] FITZGIBBONS R E. *Making Educational Decisions: an Introduction to Philosophy of Education* [M]. New York: Harcourt Brace Jocanovich, Inc, 1999.

[54] FOWLER F J. *Improving Survey Questions: Design and Evaluation* [M]. USA Sage Publications, Inc., 1995.

[55] FREEMAN D. Teacher training, development, and decision making: A model of teaching and related strategies for language teacher education [J]. *TESOL Quarterly*, 1989, 23 (1): 27-45.

[56] FREEMAN D. "To make the tacit explicit": Teacher education,

emerging discourse, and conceptions of teaching [J]. *Teaching and Teacher Education*, 1991, 7 (5-6): 439-454.

[57] FREEMAN D, RICHARDS J C. Conceptions of teaching and the education of second language teachers [J]. *TESOL Quarterly*, 1993, 27 (2): 193-216.

[58] FREEMAN D. The "unstudied problem": Research on teacher learning in language teaching [A]. FREEMAN D, RICHARDS J C (eds.). *Teacher Learning in Language Teaching* [C]. New York: Cambridge University Press, 1996.

[59] FREEMAN D, JOHNSON K E. Reconceptualizing the knowledge-base of language teacher education [J]. *TESOL Quarterly*, 1998, 32 (3): 397-417.

[60] FREEMAN D, RICHARDS J C. Teacher Learning in Language Teaching [C]. New York: Cambridge University Press, 1996.

[61] FREEMAN D, RICHARDS J C. Teacher Learning in Language Teaching [M]. Cambridge: Cambridge Press, 2001.

[62] FULLER F. Concerns of teachers: A developmental conceptualization [J]. *American Educational Research Journal*, 1969, 6 (2): 207-226.

[63] FULLER F, BOWN O. Becoming a teacher [A]. Ryan, K. (ed.), Teacher Education, 74th Yearbook of the National Society for the Study of Education, part2 [C]. Chicago: University of Chicago Press, 1975.

[64] FULLAN M G. *The New Meaning of Educational Change* [M]. London: Cassel Educational Limited, 1991.

[65] FULLAN M, HARGREAVES A. Teacher development and educational change [A]. FULLAN M, HARGREAVES A (eds.). *Teacher Development and Educational Change* [C]. London and Washington, D. C.: Falmer press, 1992.

[66] GABRIEL H, MAGGIOLI D. *Professional Development for Language Teachers* [M]. Washington, D. C.: ERIC Clearinghouse on Languages and Linguistics, 2003.

[67] GLASS J L, ASHLEY F. Coverage and effectiveness of family-responssive workplace policies [J]. *Human Resource Management Review*,

2002, 12 (3): 313-337.

[68] GREEN J E, SMYSER S O S. *The Teacher Portfolio: A Strategy for Professional Development and Evaluation* [M]. Lancaster, PA: Technomic Publishing, 1996.

[69] GREENHAUS J H, BEUTELL N J. Sources of conflict between work and family roles [J]. *Academy of Management Review*, 1985, 10 (1): 76-88.

[70] GRIFFITHS M, TANN S. Using reflective practice to link personal and public theories [J]. *Journal of Educational for Teaching*, 1992, 18 (1): 69-84.

[71] HALL D T. A model of coping with role conflict: The role behavior of college educated women [J]. *Administrative Science Quarterly*, 1972, 17 (4): 471-486.

[72] HARRISON J, MCKEON F. The formal and situated learning of beginning teacher educators in England: Identifying characteristics for successful induction in the transition from workplace in schools to workplace in higher education [J]. *European Journal of Teacher Education*, 2008, 31 (2): 151-168.

[73] HARTLEY M, HOY W K. Openness of school climate and alienation of high school students [J]. *California Journal of Educational of research*, 1972, 23: 17-24.

[74] HEISKANEN M, KÄMÄRÄINEN J, JOKELA J. Achieving a more developed simulation pedagogy in nursing through student feedback [J]. *Interdisciplinary Studies Journal*, 2013, 3 (2): 119-124.

[75] HENZE I, VAN DRIEL J H, VERLOOP N. Experienced science teachers' learning in the context of educational innovation [J]. *Journal of Teacher Education*, 2009, 60 (2): 184-199.

[76] HODKINSON P, HODKINSON H. Individuals, communities of practice and the policy context: school teachers' learning in their workplace [J]. *International Journal of Phytoremediation*, 2003, 25 (1): 3-21.

[77] HODKINSON H, HODKINSON P. Rethinking the concept of community of practice in relation to school teachers' workplace learning [J].

International Journal of Training and Development, 2004, 8 (1): 21-31.

[78] HODKINSON H, HODKINSON P. Improving school teachers' workplace learning [J]. *Research Papers in Education*, 2005, 20 (2): 109-131.

[79] HO B, RICHARDS J C. Reflective thinking through teacher journal writing: Myths and realities [J]. *Prospect, A Journal of Australian TESOL*, 1993, 8 (3): 7-24.

[80] HOYLE E. Professionalization and deprofessionalization ineducation [A]. HOYLE E, MEGARRY J (eds). *World Yearbook of Education* 1980: *Professional Development of Teacher* [C]. London: Taylor & Francis, Inc, 1980.

[81] HUBERMAN M, GROUNAUER M, MARTI J. translated by Neufeld, J. *The Lives of Teachers* [M]. London: Cassell villiers house; New York: Teacher college press, 1993.

[82] ILO/UNESCO. Recommendation Concerning the Status of Teachers (1996) [EB/OL]. [2009-04-12]. http://unesdoc.unesco.org/images/0016/001604/160495e.pdf.

[83] IZZO. *Research and Reflection: Teachers Take Action for Literacy Development* [M]. Greenwich: Connecticut: Information Age Publishing, 2006.

[84] JAWITZ J. Learning to assess in the academic workplace: Case study in the Natural Sciences [J]. South African Journal of Higher Education, 2008, 22 (5): 1006-1018.

[85] JOHNSON K E. The sociocultural turn and its challenge for second language teacher education [J]. *TESOL Quarterly*, 2006, 40 (1): 235-257.

[86] JURASAITE-HARBISON E, REX L A. School cultures as contexts for informal teacher learning [J]. *Teaching and Teacher Education*, 2010, 26 (2): 267-277.

[87] KAGAN D M. Implication of research on teacher belief [J]. *Educational Psychologist*, 1992, 27 (10): 65-90.

[88] KAGAN D M. Laura and Jim and What They Taught Me about the

Gap between Educational Theory and Practice [M]. Albany, NY: State University of New York, 1993.

[89] KANG Y, CHENG X T. Teacher learning in the workplace: A study of the relationship between a novice EFL teacher's classroom practices and cognition development [J]. *Language Teaching Research*, 2014, 18 (2): 169-186.

[90] KANNO Y. *Negotiating Bilingual and Bicultural Identities: Japanese Returnees Betwixt Two Worlds* [M]. Mahwah, NJ: Lawrence Erlbaum, 2003.

[91] KATZENMEYER M, MOLLER G. Awakening the Sleeping Giant: Helping Teachers Develop as Leaders [M]. Thousand Oaks: Corwin Press, 2009.

[92] KELLY P. What is teacher learning? A socio-cultural perspective [J]. *Oxford Review of Education*, 2006, 32 (4): 505-519.

[93] KELCHTERMANS G. Teachers and their career story: A biographical perspective on professional development [A]. DAY C, CALDERHEAD J, DENICOLO P (eds.). *Research on Teacher Thinking: Understanding Professional Development* [C]. London and Washington, D. C.: Falmer press, 1993: 198-220.

[94] KEMMIS S. Action Research [A]. Husen (ed.). *The International Encyclopedia of Education* [C]. 1985: 35.

[95] KEMMIS S, MCTAGGART R. *The Action Research Planner* [M]. Geelong, Victoria: Deakin University Press, 1988.

[96] KENNEDY M. *An Agenda for Research on Teacher Learning* [M]. East Lansing: Michigan State University, 1991.

[97] KEINY S. Constructivism and teachers' professional development [J]. *Teaching and Teacher Education*, 1994, 10 (2): 157-167.

[98] KIM C, KIM M K, LEE C, SPECTOR J M, DEMEESTER K. Teacher beliefs and technology integration [J]. Teaching and Teacher Education, 2013, 29 (1): 76-85.

[99] KOLB D A. Experiential Learning: Experience as the Source of Learning and Development [M]. Englewood Cliffs, NJ: Prentice Hall, 1984.

[100] KRAUSS S E, GUAT K A. An exploration of factors influencing workplace learning among novice teachers in Malaysia [J]. *Human Resource Development International*, 2008, 11 (4): 417–426.

[101] KWAKMAN K. Factors affecting teachers' participation in professional learning activities [J]. *Teaching and Teacher Education*, 2003, 19 (2): 149–170.

[102] LACEY C. Professional socialization of teachers [A]. ANDERSON L W (ed.). *International Encyclopedia of Teaching and Teacher Education* (*2nd ed.*) [C]. Oxford: Elsevier Science Ltd, 1995: 616–620.

[103] LAWRENCE P R. The preparation of case methods [A]. ANDREWS K R (ed.). *The Case Method of Teaching* [C]. Cambridge, MA: Harvard University Press, 1953: 215.

[104] LEE J C K, ZHANG Z, YIN H. A multilevel analysis of the impact of a professional learning community, faculty trust in colleagues and collective efficacy on teacher commitment to students [J]. *Teaching and Teacher Education*, 2011, 27 (5): 820–830.

[105] LEFSTEIN A, SNELL J. Professional vision and the politics of teacher learning [J]. *Teaching and Teacher Education*, 2011, 27 (3): 505–514.

[106] LEITHWOOD K A. The principal's role in teacher development [A]. FULLAN M, HARGREAVES A (eds.). *Teacher Development and Educational Change* [C]. London and Washington, D. C.: Falmer press, 1992.

[107] LEVINE T H, MARCUS A S. How the structure and focus of teachers' collaborative activities facilitate and constrain teacher learning [J]. *Teaching and Teacher Education*, 2010, 26 (3): 389–398.

[108] LIPSKY M. *Street-level Bureaucracy: Dilemmas of the Individual in Public Service*, 30th Anniversary Expanded Edition [M]. Nen York: Rnssell Sage Foundation, 2010.

[109] LITTLE J W. The mentor phenomenon [A]. CAZDEN C (ed.). *Review of Research in Education* [C]. Washington, D. C.: American Educational Research Association, 1990.

[110] LITTLE J W. Teacher development and educational policy [A]. FULLAN M, HARGREAVES A (eds.). *Teacher Development and Educational Change* [C]. London and Washington, D. C.: Falmer press, 1992.

[111] LITTLE D. Learning as dialogue: The dependence of learner autonomy on teacher autonomy [J]. *System*, 1995, 23 (2): 175-182.

[112] LOPEZ-INIGUEZ G, POZO J I, DE DIOS M J. The older, the wiser? Profiles of string instrument teachers with different experience according to their conceptions of teaching, learning, and evaluation [J]. *Psychology of Music*, 2014, 42 (2): 157-176.

[113] MARKUS H, NURIUS P. Possible selves [J]. *American psychologist*, 1986, 41 (9): 954-969.

[114] MATSUMOTO K. Diary studies of second language acquisition: A critical overview [J]. *JALT Journal*, 1987, 9 (1): 17-34.

[115] MERRIAM S B. *Qualitative Research and Case Study Applications in Education: Revised and Expanded from Case Study Research in Education* (*2nd ed.*) [M]. Thousand Oaks: Sage Publications, Inc., 1998.

[116] MCDONOUGH J. A teacher looks at teachers' diaries [J]. *English Language Teaching Journal*, 1994, 48 (1): 57-65.

[117] MCLAUGHLIN M, VOGT M. *Portfolio in Teacher Education* [M]. Newark, DE: International Reading Association, 1996.

[118] MCNIFF J. *Teaching as Learning: An Action Research Approach* [M]. London: Routeledge, 1993.

[119] MEIRINK J A, MEIJER P C, VERLOOP N, BERGEN T C M. How do teachers learn in the workplace? An examination of teacher learning activities [J]. *European Journal of Teacher Education*, 2009a, 32 (3): 209-224.

[120] MEIRINK J A, MEIJER P C, VERLOOP N, BERGEN T C M. Understanding teacher learning in secondary education: The relations of teacher activities to changed beliefs about teaching and learning [J]. *Teaching and Teacher Education*, 2009b, 25 (1): 89-100.

[121] MINGUCCI M. Action research in ESL staff development [J]. *TESOL Matters*, 1999, 9 (2): 16.

［122］ MUNTHE E. Teachers' workplace and professional certainty ［J］. *Teaching and Teacher Education*, 2003, 19 (8): 801–813.

［123］ NELSON B S, HAMMERMAN J K. Reconceptualizing teaching: Moving toward the creation of intellectual communities of students, teacher educators ［A］. MCLAUGHLIN M W, OBERMAN I (eds.). *Teacher Learning: New Policies, New Practices, Charpter* 1 ［C］. New York and London: Teachers College Press, 1996.

［124］ NEWMAN K, BURDEN P, APPLEGATE J. Helping teachers examine their long-range development ［J］. *The Teacher Educator*, 1980, 15 (4): 7–14.

［125］ NUMRICH C. On becoming a language teacher: Insights from diary studies ［J］. *TESOL Quarterly*, 1996, 30 (1): 131–153.

［126］ NUNAN D. *Research Methods in Language Learning* ［M］. Cambridge: Cambridge University Press, 1992.

［127］ PAJARES M F. Teachers' beliefs and educational research: Cleaning up a messy construct ［J］. *Review of Educational Research*, 1992, 62 (3): 307–332.

［128］ PARDO L S. The role of context in learning to teach writing: What teacher educators need to know to support beginning urban teachers ［J］. *Journal of Teacher Education*, 2006, 57 (4): 378–394.

［129］ PARKER P D, MARTIN A J, COLMAR S, LIEM G A. Teachers' workplace well-being: Exploring a process model of goal orientation, coping behavior, engagement, and burnout ［J］. *Teaching and Teacher Education*, 2012, 28 (4): 503–513.

［130］ PERRY P. Professional development: The inspectorate in England and Wales ［A］. HOYLE E, MEGARRY J (eds.). *World Yearbook of Education* 1980: *The Professional Development of Teachers* ［C］. London: Kogan Page, 1980.

［131］ GREENE M. *Teacher as Stranger: Educational philosophy for the Modern Age* ［M］ California: Wadsworth Pub Co, 1973.

［132］ POLANYI M. *The Study of Man* ［M］. London: Routledge & Kegan Paul, 1957.

[133] PORTER C, CLELAND J. *The Portfolio as a Learning Strategy* [M]. Portsmouth, NH: Boynton/Cook publishers, 1995.

[134] PRINTY S M. Leadership for teacher learning: A community of practice perspective [J]. *Educational Administration Quarterly*, 2008, 44 (2): 187-226.

[135] RANDALL M, THORNTON B. *Advertising and Supporting Teachers* [M]. Cambridge: CUP, 2001.

[136] RAMBERG M R. What makes reform work? School-based conditions as predictors of teachers' changing practice after a national curriculum reform [J]. *International Education Studies*, 2014, 7 (6): 46-65.

[137] ROTOUDO D M, DAWN, S C, JOEL F K. Coping with multiple dimensions of wok-famiy conflict [J]. *Personnel Review*, 2003, 32 (3): 275-296.

[138] RETALLICK J. *Workplace Learning in the Professional Development of Teachers* [R]. Canberra: AGPS, 1994.

[139] RICHARDS J C, NUNAN D. *Second Language Teacher Education* [M]. Cambridge: Cambridge University Press, 1990.

[140] RICHARDS J C, LOCKHART C. *Reflective Teaching in Second LanguageClassrooms* [M]. Cambridge: Cambridge University Press, 1994.

[141] RICHARDS J C. *Beyond Training: Perspectives on Language Teacher Education* [M]. New York: Cambridge University Press, 1998a.

[142] RICHARDS J C (ed.). *Teaching in Action: Case Studies from Second Language Classroom* [C]. Alexandria, VA: TESOL, 1998b.

[143] RICHARDS J C, NUMAN D (eds.). *Second language teacher education* [C]. Cambridge: Cambridge University Press, 2000.

[144] RICHARDS J C, FARRELL T S. *Professional Development for Language Teachers: Strategies for Teacher Learning* [M]. Cambridge: Cambridge University Press, 2005.

[145] RICHARDS J C. Second language teacher education today [J]. *RELC Journal*, 2008, 39 (2): 158-177.

[146] RICHTER D, KUNTER M, KLUSMANN U, LÜDTKE O, BAUMERT J. Professional development across the teaching career: Teachers'

uptake of formal and informal learning opportunities [J]. *Teaching and Teacher Education*, 2011, 27 (1): 116-126.

[147] RIENTIES B, BROUWER N, LYGO-BAKER S. The effects of online professional development on higher education teachers' beliefs and intentions towards learning facilitation and technology [J]. *Teaching and Teacher Education*, 2013, 29 (1): 122-131.

[148] ROSAEN C, SCHRAM P. Professional development for beginning teacher throughs practical inquiry [J]. *Educational Action Research*, 1997, 5 (2): 255-281.

[149] ROSSMAN G B, WILSON B L. Numbers and words revisited: Being "shamelessly eclectic" [J]. *Quality and Quantity*, 1994, 28 (3): 315-327.

[150] RYDER J. Promoting reflective practice in continuing education in France [J]. *ELT Journal*, 2012, 66 (2): 175-183.

[151] SANDHOLTZ J H. Inservice training or professional development: Contrasting opportunities in a school/university partnership [J]. *Teaching and Teacher Education*, 2002, 18 (7): 815-830.

[152] SARGENT T C, HANNUM E. Doing more with less: Teacher professional learning communities in resource-constrained primary schools in rural China [J]. *Journal of Teacher Education*, 2009, 60 (3): 258-276.

[153] SCHÖN D A. *The Reflective Practitioner: How Professionals Think in Action* [M]. New York: Basic Books, 1983.

[154] SCHÖN D A. *Educating the Reflective Practitioner: Toward a new design for teaching and learning in the Professions* [M]. San Francisco: Jossey Bass, 1987.

[155] SCHÖN D A. *The Reflective Turn: Case Studies in Reflective Practice* [M]. New York: Teachers College Press, 1991.

[156] SCHÖN D A. The theory of inquiry: Dewey's legacy to education [J]. *Curriculum Inquiry*, 1992, 22 (2): 119-139.

[157] SCHOONMAKER F. "Growing up" Teaching: From Personal Knowledge to Professional Practice [M]. New York: Teachers College Press, 2002.

[158] SEIDMAN I. *Interviewing as Qualitative Research: A Guide for Research in Education and Social Sciences* [M]. London: Sage Publications, 2006.

[159] SHANK M J. Teacher storytelling: A means for creating and learning within a collaborative space [J]. *Teaching and Teacher Education*, 2006, 22 (6): 711-721.

[160] SHULMAN L S. Toward a pedagogy of cases: Case methods in teacher education [A]. SHULMAN J H (ed.). *Case Methods in Teacher Education* [C]. New York: Teachers College Press, 1992.

[161] SINGH G, RICHARDS J C. Teaching and learning in the language teacher education course room: A critical sociocultural perspective [J]. *RELC Journal*, 2006, 37 (2): 149-175.

[162] SIKES P J. Imposed change and the experienced teacher [A]. FULLAN M, HARGREAVES A (eds.). *Teacher Development and Educational Change* [C]. London and Washington, D. C.: The Falmer press, 1992.

[163] SMYLIE M A, A W HART. 教师学习与改变的学校领导：从人力与社会资本发展的观点 [A]. 林海清. 教育行政研究手册 [C]. 台北：心理，2004.

[164] SPARKS D, HIRSH S. *A New Vision of Staff Development* [M]. Alexandria, VA: ASCD, 1997.

[165] SPRADLEY J P. *Participants Observation* [M]. London: Longman, 1980.

[166] SPRINTHALL N A, THIES-SPRINTHALL L. The teacher as an adult learner: a cognitive-developmental view [A]. GRIFFIN G A (ed.). *Staff Development: Eighty-second Yearbook of theNational Society for the Study of Education, Part* Ⅱ [C]. Chicago, IL: University of Chicago press, 1983.

[167] STADER E. Expert and Novice teachers' ability to judge student understanding. Paper presented at meeting of the American Educational Research Association, Boston, Massaehusetts, 1990.

[168] NANCY S, JAN, S, WILLIAM P. *Videotape and the Training and Evaluation of Language Teacher* [M]. Boston, MA: TESOL Convention, 1979.

[169] STENHOUSE L. *An Introduction to Curriculum Research and Development* [M]. London: Heinemann, 1975.

[170] STONES E, MORRIS S. *Teaching Practice: Problems and Perspectives* [M]. London: Methuen, 1972.

[171] STRAUSS A, CORBIN J. *Basics of Qualitative Research: Techniques and Procedures for Developing Grounded Theory* [M]. Thousand Oaks: Sage Publications, 1998.

[172] STRONGE J H (ed.). *Evaluating Teaching: A Guide to Current Thinking and Best Practice* [C]. Thousand Oaks, CA: Corwin Press, 1997.

[173] SULLIVAN H S. *The Interpersonal Theory of Psychiatry* [M]. New York: W. W. Norton & Company, Inc. 1953.

[174] TAKAHASHI S. Co-constructing efficacy: A "communities of practice" perspective on teachers' efficacy beliefs [J]. Teaching and Teacher Education, 2011, 27 (4): 732-741.

[175] THOMPSON A. Teachers' beliefs and conceptions: A synthesis of the research [A]. GROWS A D (ed.). *Handbook of Research on Mathematics Teaching and Learning* [C]. New York: Macmillan 1992.

[176] TORRES R M. From agents of reform to subjects of change: The teaching crossroads in Latin America [J]. *Prospects*, 2000, XXX (2): 255-273.

[177] TSCHANNEN-MORAN M, JOHNSON D. Exploring literacy teachers' self-efficacy beliefs: Potential sources at play [J]. *Teaching and Teacher Education*, 2011, 27 (4): 751-761.

[178] TSUI A B M. *Understanding Expertise in Teaching: Case Studies of Second Language Teachers* [M]. Cambridge: Cambridge University Press, 2003.

[179] UR P. *A Course in Language Teaching: Practice and Theory* [M]. Cambridge: Cambridge University Press, 2000.

[180] VAN ES E A. Examining the development of a teacher learning community: The case of a video club [J]. Teaching and Teacher Education, 2012, 28 (2): 182-192.

[181] VAN LIER L. *The Classroom and the Language Learner:*

Ethnography and Second Language Classroom Research [M]. New York: Longman, 1988.

[182] VAN LIER L. Action research [J]. *Sintagma*, 1994 (6): 31-37.

[183] VAN VELZEN W, MILES M, EKHOLM M, HAMEYER, U, ROBIN D. *Making School Improvement Work: A Conceptual Guide to Practice* [M]. Leuven: Belgium, ACCO, 1985.

[184] VYGOTSKY L S. *Mind in Society* [M]. Cambridge, MA: MIT press, 1978.

[185] WADE R C, YARBROUGH D B. Portfolios: A tool for reflective thinking in teacher education? [J]. *Teaching and Teacher Education*, 1996, 12 (1): 63-79.

[186] WALLACE M J (ed.). The use of video in EFL teacher training. *ELT Documents* 110-*Focus on the Teacher: Communicative Approaches to Teacher Training* [C]. London: The British Council, 1981: 7-21.

[187] WALLACE M J. *Training Foreign Language Teachers: a Reflective Approach* [M]. Cambridge: Cambridge University Press, 1991.

[188] WALLACE M J. *Action Research for Language Teachers* [M]. Cambridge: Cambridge: Cambridge University Press, 1998.

[189] WEST M. Quality in schools: Developing a model for school improvement [A]. A HARGREAVES, A LIEBERMAN, MFULLAN, D HOPKINS (eds.). *International Handbook of Educational Change* [C]. Boston: Kluwer Academic Publishers, 1998.

[190] WENGER E. Communities of Practice: Learning, Meaning, and Identity [M]. Cambridge: Cambridge University Press, 1998.

[191] WIDDOWSON H G. Object language and the language subject: On the mediating role of applied linguistics [J]. *Annual Review of Applied Linguistics*, 2000, 20: 21-33.

[192] WILDMAN T M, NILES J A, MAGLIARO S G, MCLAUGHLIN R A. Teaching and learning to teach: The two roles of beginning teachers [J]. *The Elementary School Journal*, 2015, 89 (4): 471-493.

[193] WILLIAMS M, BURDEN R L. *Psychology for Language Teachers*

[M]. Cambridge: Cambridge University Press, 2000.

[194] WONG S. Dialogic approaches to teacher research: Lessening the tension [J]. *TESOL Journal*, 1994, 4 (1): 11-13.

[195] WOODS D. *Teacher Cognition in Language Teaching: Beliefs, Decision-making and Classroom Practices* [M]. Cambridge: Cambridge University Press, 1996.

[196] YAGLESKI R. Portfolios as a way to encourage reflective practice among preservice English teachers [A]. YANCEY K B, WEISER L (eds.). *Situating Portfolios: Four Perspectives* [C]. Logan: Utah State University Press, 1997: 225-243.

[197] YIN R K. *Case Study Research: Design and Methods* (2nd *ed.*) [C]. Thousand Oaks: Sage Publishing, 1994.

[198] ZEICHNER K M, LISTON D P. *Reflective Teaching: An Introduction* [M]. Mahwah, NJ: Lawrence Erlbaum, 1996.

[199] ZHENG X. *Pedagogy and pragmatism: Secondary English language teaching in the People's Republic of China* [D]. Hong Kong: Hong Kong Unversity, 2005.

[200] ZWART R C, WUBBELS T, BOLHUIS S, BERGEN T C M. Teacher learning through reciprocal peer coaching: An analysis of activity sequences [J]. *Teaching and Teacher Education*, 2008, 24 (4): 982-1002.

[201] 白益民．教师的自我更新：背景、机制与建议 [J]. 华东师范大学学报（教育科学版）, 2002 (4): 28-38.

[202] 塔格特, 威尔逊．提高教师反思力 50 策 [M]. 赵丽, 译. 北京: 中国轻工业出版社, 2008.

[203] 保罗・郎格朗．终身教育导论 [M]. 北京: 华夏出版社, 1988.

[204] 保罗・欧内斯特．数学教育哲学 [M]. 齐建华, 张松枝, 译. 上海: 上海教育出版社, 1998.

[205] 波兰尼, 等．意义 [M]. 彭淮栋, 译. 台北: 联经出版事业公司, 1981.

[206] 蔡基刚．大学英语教学: 回顾、反思和研究 [M]. 上海: 复旦大学出版社, 2006.

［207］操太圣，卢乃桂．学校变革进程中的教师压力管理［J］．教育发展研究，2006（11）：34.

［208］RICHARDS J C．第二语言教师教育［M］．北京：外语教学与研究出版社，2000.

［209］陈国华．谈英语能力标准的制定［J］．外语教学与研究，2002（6）：405-406.

［210］陈红，蔡朝辉，戴祝君．大学英语课程教学研究：演进与变革［M］．江苏：江苏大学出版社，2009.

［211］陈坚林．现代外语教学研究——理论与方法［M］．上海：上海外语教育出版社，2004.

［212］陈静静．教师实践性知识及其生成机制研究——中日比较的视角［D］．上海：华东师范大学，2009.

［213］陈向明．质的研究方法和社会科学研究［M］．北京：教育科学出版社，2000.

［214］陈向明．教师如何作质的研究［M］．北京：教育科学出版社，2001.

［215］陈玉琨，欣文．教育评价理论的突破与创新——陈玉琨教授访谈［J］．学术月刊，2000（5）：108-113，63.

［216］程晓堂．英语教师课堂话语分析［M］．上海：上海外语教育出版社，2009.

［217］大学英语教学大纲修订工作组．大学英语教学大纲（修订本）［Z］．北京：高等教育出版社，1999.

［218］戴曼纯，张希春．高校英语教师素质抽样调查［J］．解放军外国语学院学报，2004（2）：42-46.

［219］迪尔登．自主性与智育［A］．瞿葆奎．教育学文集·智育［M］．北京：人民教育出版社，1993.

［220］丁钢．声音与经验：教育叙事探究［M］．北京：教育科学出版社，2008.

［221］董耐婷．加拿大外语教学条件和中国外语教学条件的差异［J］．外语界，2005（1）：54-60.

［222］杜威．经验与自然［M］．傅统先，译．北京：商务印书馆，2015.

[223] 杜威．民主主义与教育［M］．王承绪，译．北京：人民教育出版社，1990.

[224] 杜威．我们怎样思维·经验与教育［M］．姜文闵，译．北京：人民教育出版社，1991.

[225] 段晓明，陈荟．走向生活体验——教育研究中的叙事研究法［J］．教育研究与实验，2004（4）：29-32.

[226] 范良火．教师教学知识发展研究［M］．上海：华东师范大学出版社，2003.

[227] 斐迪南·滕尼斯．共同体与社会［M］．林荣远，译．北京：商务印书馆，1999.

[228] 高等学校大学外语教学指导委员会．大学英语教学和教师情况调查结果［Z］．2002.

[229] 高远．外语教学改革要科学论证和放开搞活［J］．外语教学与研究，2003（3）：222-223.

[230] 高强，朱玉山．《应用语言学与语言教师教育》述评［J］．外语电化教学，2006（5）：78-80.

[231] 高云峰，李小光．近十年我国高校外语教师教育研究文献评析［J］．外语界，2007（4）：56-64.

[232] 高志敏，等．终身教育、终身学习与学习化社会［M］．上海：华东师范大学出版社，2005.

[233] 龚亚夫．创建我国中小学英语教师知识与能力体系：中小学英语教师专业等级标准的制订［J］．中国教育学刊，2011（7）：60-65.

[234] 顾泠沅，王洁．以课例为载体引领教师发展［J］．人民教育，2003（6）：24-34.

[235] 顾佩娅．优秀外语教师成长案例研究［M］．北京：外语教学与研究出版社，2009.

[236] 管培俊．关于教师教育改革发展的十个观点［J］．基础教育外语教学研究，2004（8）：6-7，33.

[237] 桂诗春．我国外语教育的根本出路［J］．中国外语，2004（1）：10-13.

[238] 郭遂红．基于教学情境的外语教师非正式学习与专业发展研究［J］．外语界，2014（1）：88-96.

[239] 海德格尔. 存在与时间 [M]. 陈嘉映，王庆节，译. 北京：三联书店，2000.

[240] 韩淑萍. 我国教师专业发展影响因素研究述评 [J]. 现代教育科学：高教研究，2009 (5)：76.

[241] 郝和平. 个体社会化与教育. 鲁洁主编、吴康宁副主编：教育社会学 [M]. 北京：人民教育出版社，2005.

[242] 何明霞，王冠. 大学英语教师职业生涯规划与专业素质发展实证研究 [J]. 湖北经济学院学报（人文社会科学版），2009 (10)：70-73.

[243] 胡惠闵. 指向教师专业发展的学校管理改革——上海市打虎山路第一小个案研究 [D]. 上海：华东师范大学，2003.

[244] 胡文仲. 关于我国外语教育规划的思考 [J]. 外语教学与研究，2011，43 (1)：130-136.

[245] 黄东花. 高校英语教师合作文化探析：以江西省四所高校为例 [J]. 黑龙江高教研究，2011 (9)：47-49.

[246] 黄刚. 高校英语师资现状及其职前培养浅议 [J]. 高教论坛，2005 (6)：67-69.

[247] 黄建滨，邵永真. 大学英语教学和教师情况调查分析 [J]. 中国大学教学，2001 (6)：20-22+25.

[248] 黄景. 教师身份·教师能动·教师自主：二十年从教经历的反思 [J]. 教育学术期刊，2010 (8)：27-31.

[249] 阿哈，霍利，卡斯滕. 教师行动研究：教师发现之旅 [M]. 黄宇，陈晓霞，阎宝华，等，译. 北京：中国轻工业出版社，2002.

[250] 教育部高等教育司. 大学英语课程教学要求 [M]. 上海：上海外语教育出版社，2007.

[251] 教育部师范教育司. 教师专业化的理论与实践（修订版）[M]. 北京：人民教育出版社，2003.

[252] 伽达默尔. 真理与方法 [M]. 洪汉鼎，译. 上海：上海译文出版社，1994.

[253] 蒋玉梅. 大学英语女教师的职业生涯发展研究 [D]. 南京：南京大学，2011.

[254] 杰夫·米尔斯. 教师行动研究指南（3 版）[M]. 王本陆，潘新民，等，译. 重庆：重庆大学出版社，2010.

［255］鞠玉翠．教师个人实践理论的叙事探究［D］．上海：华东师范大学，2003.

［256］康丽颖．学校的责任与教师专业发展［J］．教育研究，2006（12）：34-39.

［257］康永久．教育制度的生成与变革：新制度教育学论纲［M］．北京：教育科学出版社，2003.

［258］库伯．体验学习——让体验成为学习和发展的源泉［M］．王灿明，朱水萍，等，译．上海：华东师范大学出版社，2008.

［259］J·莱夫，等．情境学习：合法的边缘参与［M］．王文静，译．上海：华东师范大学出版社，2004.

［260］李利．职前教师实践性知识发展研究［D］．苏州：苏州大学，2012.

［261］联合国教科文组织总部中文科．教育——财富蕴藏其中：国际21世纪教育委员会报告［M］．北京：教育科学出版社，1996.

［262］林克松，朱德全．教师职场学习环境：结构与测量［J］．教育学术月刊，2013（4）：50-54.

［263］林克松，朱德全．中小学教师职场学习环境满意度现状调查与调控策略［J］．现代教育管理，2013（6）：87-91.

［264］林克松．工作场学习与专业化革新：职业教育教师专业发展路径探新［D］．重庆：西南大学，2014.

［265］刘捷．专业化：挑战21世纪的教师［M］．北京：教育科学出版社，2002.

［266］刘润清．剑桥英语教师丛书·总序［M］．北京：外语教学与研究出版社，人民教育出版社，剑桥大学出版社，2000.

［267］刘润清，戴曼纯．中国外语教学改革现状与发展策略研究［M］．北京：外语教学与研究出版社，2003.

［268］刘学惠．外语教师教育研究综述［J］．外语教学与研究，2005，37（3）：211-217.

［269］刘尧．教师“校本培训”模式构想［J］．教育发展研究，2001（3）：47-48.

［270］陆忆松，邹为诚．教育叙事视角下的英语教师素质研究［J］．外语教学理论与研究，2008（3）：68-75.

［271］罗清水．终生教育在国小教师专业发展的意义［J］．研习资讯，1998，15（4）．

［272］马克思，恩格斯．马克思恩格斯全集［M］．北京：人民教育出版社，1979．

［273］马韶山，张桂春．教师素质结构模型初探［J］．辽宁师范大学学报，1989（4）：35-38．

［274］马晓雄．关于师范教育向教师教育转型的几点思考［J］．高等师范教育研究，2003（4）：8-13．

［275］冒荣，贺晓星．无觅桃花源，何处好耕田［J］．高等教育研究，1997（4）：31-36．

［276］冒荣，曲铭锋．多样化与一体化——研究型大学发展机制刍议［J］．复旦教育论坛，2003（2）：46-49，61．

［277］彭伟强，朱晓燕，钟美华．外语教师教育与发展研究：现状、思考与展望［J］．外语界，2008（5）：38-45，83．

［278］彭小虎．高等师范课程比较研究与我国师范课程体系的建构［J］．高等师范教育研究，2000（5）：62-70．

［279］乔治·H·米德．心灵、自我与社会［M］．赵月瑟，译．上海：上海译文出版社，2005．

［280］米切尔·兰德曼．哲学人类学［M］．阎嘉，译．贵阳：贵州人民出版社，1988．

［281］秦秀白．《外语教学改革：问题与对策》简介［J］．外语教学与研究，2005（2）：157-159．

［282］秦秀白．有好的外语教师，才有好的外语教育［J］．中国外语，2010，7（6）：1，31-32．

［283］瞿葆奎．教育学文集·教师［M］．北京：人民教育出版社，1991．

［284］史耕山，周燕．老一代优秀英语教师素质调查［J］．外语与外语教学，2009（2）：26-29．

［285］唐纳德·A·舍恩．反映的实践者：专业工作者如何在行动中思考［M］．夏林清，译．北京：教育科学出版社，2007．

［286］施莉．我国教师校本培训研究综述［J］．成人高等教育，2002（5）．

[287] 斯蒂芬·P·罗宾斯．组织行为学（第7版）[M]．孙建敏，李原，等，译．北京：中国人民大学出版社，1997.

[288] 束定芳．外语教学改革：问题与对策 [M]．上海：上海外语教育出版社，2004.

[289] 束定芳，庄智象．现代外语教学：理论、实践与方法（修订版）[M]．上海：上海外语教育出版社，2008.

[290] 束定芳．高等教育国际化与大学英语教学的目标和定位：德国高校用英语授课学位课程及其启示 [J]．外语教学与研究，2011，43（1）：137-144，160.

[291] 束定芳．中国特色外语教学改革探索——江苏华南实验学校英语教学改革实验纪实（2009.5—2011.1）[M]．上海：上海外语教育出版社，2012.

[292] 孙建华．高等师范英语专业教育模式改革探讨 [J]．焦作工学院学报（社会科学版），2004（2）：155-157.

[293] 林智中，朱嘉颖．第七届两岸三地课程理论研讨会论文集 [C]．香港：香港中文大学教育学院，2005.

[294] 唐松林，徐厚道．教师素质的实然分析与应然探讨 [J]．高等师范教育研究，2000（6）：34-39.

[295] 唐莹．元教育学 [M]．北京：人民教育出版社，2002.

[296] 唐玉光．教师专业发展研究 [J]．外国教育资料，1999（6）：39-43.

[297] 田慧生．教学环境论 [M]．南昌：江西教育出版社，1996.

[298] 王广新．中小学教师网上自主学习动机的影响因素与激发策略 [J]．教育理论与实践，2008，28（23）：42-44.

[299] 王海啸．大学英语教师与教学情况调查分析 [J]．外语界，2009（4）：6-13.

[300] 王守仁．进一步推进和实施大学英语教学改革——关于《大学英语课程教学要求（试行）》的修订 [J]．中国外语，2008（1）：4-10.

[301] 王枬，等．教师发展：从自在走向自为 [M]．桂林：广西师范大学出版社，2007.

[302] 王宪平．课程改革视野下教师教学能力发展研究 [D]．上海：华东师范大学，2006.

［303］文秋芳，韩少杰．英语教学研究方法与案例分析［M］．上海：上海外语教育出版社，2011.

［304］文秋芳，任庆梅．大学英语教师专业发展研究的趋势、特点、问题与对策：对我国 1999—2009 期刊文献的分析［J］．中国外语，2010（4）：77-83.

［305］吴丽荣，高素霞，董国英，张光，马宁．自我学习：一种教师专业发展的有效实践［J］．河北师范大学学报（教育科学版），2011（12）：52-55.

［306］吴一安．走出英语教学的误区［J］．外语教学与研究（外国语文双月刊），2002，34（6）：407-408.

［307］吴一安．优秀外语教师专业素质探究［J］．外语教学与研究（外国语文双月刊），2005（3）：199-205，241.

［308］吴一安，等．中国高校英语教师教育与发展研究［M］．北京：外语教学与研究出版社，2007.

［309］吴一安．外语教师研究：成果与启示［J］．外语教学理论与实践，2008（3）：32-39.

［310］吴宗杰．Being，Naming and Understanding 课程与外语教师发展讲义．金华：浙江师范大学，2003.

［311］夏纪梅．影响大学英语教学质量的相关因素［J］．外语界，2000（4）：2-7.

［312］夏纪梅．大学英语教师的外语教育观念、知识、能力、科研现状与进修情况调查结果报告［J］．外语界，2002（5）：35-41.

［313］夏纪梅．外语教师发展问题综述［J］．中国外语，2006（1）：62-65.

［314］夏纪梅．大学英语教学改革对教师的挑战：教师发展问题与对策［J］．中国外语（中英文版），2007（2）：4-6.

［315］夏纪梅．论教师研究范式的多样性、适当性和长效性［J］．外语界，2009（1）：16-22.

［316］夏甄陶．人是什么［M］．北京：商务印书馆，2000.

［317］谢邦秀．中国大学英语教学的研究现状概述［J］．外语与外语教学，2000（12）：36-37.

［318］徐忆．高校英语教师职场学习研究：以云南省为例［D］．上

海：上海外国语大学，2014.

［319］杨骞．校本教师教育的认识与实践［J］．辽宁师范大学学报（社会科学版），2006，29（1）：61-64.

［320］杨骞，溪海燕．教师学习的应然分析［J］．新课程研究（教师教育），2007（10）：3-6.

［321］杨忠，张绍杰，谢江巍．大学英语教师的科研现状与问题分析［J］．外语教学，2001（6）：79-83.

［322］叶澜．教育研究方法论［M］．北京：教育科学出版社，1991a.

［323］叶澜．教育概论［M］．北京：人民教育出版社，1991b.

［324］叶澜，白益民，王枬，等．教师角色与教师发展新探［M］．北京：教育科学出版社，2001.

［325］叶澜、白益民、王枬、陶志琼教．师角色与教师发展新探［M］．北京：教育科学出版社，2006.

［326］野晓航，魏红．“中小学教师教育科研能力培养研究”调研报告［J］．教育探索，2007（2）：74-76.

［327］俞国良，辛自强．教师信念及其对教师培养的意义［J］．教育研究，2002，21（5）：16-26.

［328］叶澜，等．全球化、信息化背景下的中国基础教育改革研究报告集［C］．上海：华东师范大学出版社，2004.

［329］余渭深，韩萍．《大学体验英语》对大学英语教师职业发展作用的问卷研究［J］．中国外语，2009（6）：69-76，87.

［330］余渭深，王蔷．从国际英语外语教学协会第25届大会看英语教学与研究的新趋势［J］．外语界，1992（1）：51-55，44.

［331］张莲．外语教师教育研究方法：回顾与展望［J］．外语教学理论与实践，2008（3）：48-54.

［332］张伶．中国高校教师工作——家庭冲突研究［M］．北京：中国社会科学出版社，2007.

［333］张敏．教师学习调节方式对学习策略与工作成就的影响［J］．教育研究，2010，31（5）：75-80.

［334］张香竹．学习氛围、工作特征对小学教师自主学习的影响［J］．教育探索，2009（9）：100-101.

［335］张晓冬．我国教师发展研究十年：范式转换的视角［J］．上饶

师范学院学报，2009（1）：104-107，72.

［336］张尧学．加强实用性英语教学，提高大学生英语综合能力［J］．中国高等教育，2002（8）：3-5，8.

［337］张宜，王新，郭威，于淼．大学英语教师素质调查报告［J］．外语与外语教学，2003（10）：23-26.

［338］张逸岗，丁方．试论外语教师的基本素质［J］．外语界，1996（3）：57-60.

［339］张正东，李少伶．英语教师的发展［J］．课程·教材·教法，2003（11）：59-60.

［340］赵昌木．教师专业发展［M］．济南：山东人民出版社，2011.

［341］赵健．学习共同体的建构［M］．上海：上海教育出版社，2008.

［342］郑新民．教师信念对英语课堂教学的影响［J］．中小学外语教学，2004（5）：6-10.

［343］郑新民．聆听大洋彼岸的声音：外语教学改革教师研究为本——Donald Freeman 教授访谈录［J］．外语界，2006（3）：38-41.

［344］郑新民，王玉山．如何在外语教育研究中科学地使用调查法——基于我国外语类 CSSCI 期刊文章（2008—2013 年度）的分析［J］．外语电化教学，2014（4）：8-13.

［345］钟启泉．教师“专业化”：理念、制度、课题［J］．教育研究，2001，22（12）：12-16.

［346］邹进．现代德国文化教育学［M］．太原：山西教育出版社，1992.

［347］周启加．基础教育英语教师教学能力及其发展研究［D］．上海：上海外国语大学，2012.

［348］邹为诚．中国基础英语教师教育研究［C］．上海：华东师范大学出版社，2010.

［349］周燕．英语教师培训亟待加强［J］．外语教学与研究（外国语文双月刊），2002（6）：408-409.

［350］周燕．高校英语教师发展需求调查与研究［J］．外语教学与研究（外国语文双月刊），2005（3）：206-210，241.

［351］吴一安，等，中国高校英语教师教育与发展研究［C］．北京：

外语教学与研究出版社，2007.

［352］周燕．中国高校英语教师发展模式研究［J］．外语教学理论与实践，2008（3）：40-47，67.

［353］周燕．教师是外语学习环境下提高英语教学水平的关键［J］．外语教学与研究，2010，42（4）：294-296.

［354］朱嘉颖．兼顾“教师”与“学习”：伙伴合作模式下的教师专业发展［M］．北京：教育科学出版社，2009.

［355］朱宁波．中小学教师专业发展的理论与实践［M］．长春：吉林人民出版社，2002.

［356］朱旭东．教师专业发展理论研究［M］．北京：北京师范大学出版集团，2011.

致　谢

本书终于打磨成形，如释重负的感觉并未如期而至，等待我的却是一直到天亮的辗转反侧，心头溢满了对那些在我攻读博士期间给予我关心、帮助与支持的老师、同学、同事、朋友及我的家人的感恩，是你们的理解、安慰与鼓励，才使我有可能顺利完成本研究的撰写。

感谢我的导师束定芳教授。在上海外国语大学的求学生涯是我人生的一段重要里程。本研究从最初选题至最后定稿，无不是在导师的耐心与精心地指导下完成的，导师的诲人不倦令我终身受益。导师严谨的治学态度、广博的学术视野与宽厚的处世风格对我的影响更是远远超越了研究本身。师恩浩荡，终生致谢。

感谢上海外国语大学的郑新民教授、李维屏教授、梅德明教授、邹申教授、虞建华教授、俞东明教授、张健教授、柴明颎教授的精彩教学，他们深入浅出的知识传授，完善了我的知识结构，拓宽了我的研究视域，丰富了我的研究思路，让我受益良多。

感谢耐心配合我深度访谈的 3 位老师，参与问卷调查并认真填写问卷的 22 所高校的 212 名老师，以及协助问卷发放、回收与整理的 26 位老师。这些老师无私与真诚的帮助，使本次研究成为可能，他们对本研究的贡献，我铭记于心。

感谢钟勇为老师对我研究框架提出的建设性意见，王斌老师在数据处理方面给予的指导，李民老师对论文内容的悉心指教，纪燕老师对问卷设计的建议，李萌老师对论文图表的制作……感谢我的师兄宫同喜老师，为我研究的相关事宜奔走研部，帮我分担、替我辛苦；感谢我情同姐妹的朋友，在我迷茫甚至停滞不前时，为我加油、给我鼓励。

感谢我的家人，在我书稿撰写过程中，他们与我同欢乐共忧愁，给了我生活上的悉心照料，让我倍感温暖与幸福。感谢我的儿子，对我在他成长过程中的缺位，表现出了超乎他年龄的理解与宽容。感谢我的母亲，在她备受病魔折磨之时，不仅未怪罪我未能尽照顾之责，还不忘叮嘱我“再忙也要照顾好自己”。

最后，谨以此文献给远离病魔却也远离了我的最可亲可敬的母亲，她在弥留之际仍不忘对我的关心与牵挂！